CHAVES QUE VÃO GERAR VIDA DE DENTRO PARA FORA

RECEBENDO **VIDA**

ATRAVÉS DA **PALAVRA**

VOLUME 2

EDITORA
CHAVE MESTRA®

Ficha Técnica

EDITORA
CHAVE MESTRA®

Av. Marcos Penteado de Ulhoa Rodrigues, 1119 – Tamboré, Alphaville - SP,
Ed. Office Shopping Tamboré – Andar 21 – Sala Chave Mestra
CEP: 06460-040
@editorachavemestra
editora@editorachavemestra.com.br
Acesse: www.editorachavemestra.com.br

Título original em português:
Recebendo vida através da Palavra - volume 2: chaves que vão gerar vida de dentro para fora

Direção editorial: Raquel Medeiros
Coordenação editorial: Bartira Costa Neves
Assistência editorial: Eloiza Andrade e Larissa Robbi Ribeiro
Revisão: Tony R. de M. Rodrigues e Híllona Anjos
Projeto gráfico e diagramação: Daniel Marchesani
***Branding* de capa:** Izzo Medeiros

Dados Internacionais de Catalogação na Publicação (CIP)

Vale, Rogério (Organizador)
V149 Titulo: Recebendo vida através da Palavra - volume 2: chaves que vão gerar vida de dentro para fora / Rogério Vale (org.) – Barueri, SP: Chave Mestra Editora, 2024. 224 p. : 16 x 23 cm

ISBN 978-65-5496-037-3

1. Espiritualidade. 2. Vida cristã. 3. Inteligência espiritual. 4. Liderança cristã. 5. Fé. 6. Atitude. I. Título.

CDD 158.1

CHAVES QUE VÃO GERAR VIDA DE DENTRO PARA FORA

RECEBENDO **VIDA**

ATRAVÉS DA **PALAVRA**

VOLUME 2

PREFÁCIO

Este livro é um convite para mergulhar na autodescoberta e na renovação, guiando o leitor para a introspecção e o crescimento pessoal. Oferecendo reflexões que cultivam uma vida mais plena, cada capítulo é construído com base na Palavra de Deus e em experiências, sabedoria e práticas vividas por cada escritor(a), que celebra tudo isso e mantém seus propósitos firmes e sem se deixar desfalecer por conta de suas lutas

Com ***Recebendo vida através da Palavra - volume 2: chaves que vão gerar vida de dentro para fora***, você será impactado(a). Mudando decreto através da Palavra, ele nos traz motivação e nos faz acreditar que tudo é possível e que temos um Deus que é poderoso para mudar qualquer circunstância ao longo de nossas vidas.

A palavra é uma poderosa ferramenta de transformação. Ela carrega a capacidade de moldar realidades, inspirar mudanças e cultivar esperança. Recebendo vidas com desafios ao longo de uma jornada de angústia, ainda que não se tenha esperança, somente a dor, Deus sabe bem do que precisamos. O socorro vem no momento certo, e só temos que acreditar.

"Porque a sua ira só dura um instante. Mas o seu interesse e cuidado por nós duram a vida toda. O choro pode durar a noite toda, mas de manhã ele nos devolve a alegria." (Salmos 30:5)

Mudando decreto, cada desafio é uma oportunidade disfarçada, e a mudança começa quando você decide dar o primeiro passo.

Quero agradecer e parabenizar Lilia Cleide da Silva, minha amiga, por esta valiosa participação. Que o Senhor continue abençoando você.

RECEBENDO **VIDA**

ATRAVÉS DA **PALAVRA**

VOLUME 2

Este livro não é apenas uma coleção de textos, mas, sim, um exemplar para o fortalecimento da sua fé para um propósito maior de vida. Aqui há sementes de esperança prontas para germinarem em cada coração disposto a florescer e gerar os frutos que esta obra tem como propósito.

Pastora Ana Mirian Foresto

Pastora da Assembleia de Deus Brás Campo de Itapevi - Ministério de Madureira;

Teóloga e bacharel em Direito;

Terapeuta de Resultados;

Graduanda em Psicologia.

@pastora_anamirian

SUMÁRIO

RECEBENDO **VIDA**

ATRAVÉS DA **PALAVRA**

VOLUME 2

APRESENTAÇÃO

Caríssimo(a) leitor(a), ao mergulhar em cada palavra deste livro, você vai viver e sentir gerar **vida** de dentro para fora.

É com imensa alegria que lhe apresento o livro ***Recebendo vida através da Palavra — volume 2***. O projeto da série ***Recebendo vida através da Palavra*** nasceu em janeiro de 2021. Tudo começou com ***lives*** que até hoje continuamos a realizar, uma obra por meio da qual muitas vidas têm sido alcançadas para a glória de Deus.

Debaixo de uma palavra liberada por Deus, continuamos avançando, e não paramos só nas ***lives***. No dia 16 de setembro de 2023, nasceu o nosso primeiro livro ***Recebendo vida através da Palavra: 30 chaves liberadas para a sua vida***, que conta com textos de 30 coautoras.

E agora lhe apresento o segundo livro da série, cujo subtítulo é: ***Chaves que vão gerar vida de dentro para fora***, e traz capítulos de 26 coautores.

O Senhor, na sua infinita misericórdia, faz nascer esta obra que vai impactar a sua vida. Gerada com muito temor e dedicação de cada coautor e coautora, esta leitura maravilhosa veio como uma avalanche transformadora. Cada participante destas páginas superou seus obstáculos para que, hoje, você pudesse ter em mãos este lindo trabalho, que nasceu primeiramente no coração de Deus e foi depositado em meu coração e ao qual prontamente, com muita ousadia e temor, falei: "eis-me aqui, Senhor!". Não é um simples livro, vai muito além disso. São 27 pessoas cheias da presença do Senhor que, com muita excelência, pegaram papel e caneta e, guiadas pelo Espírito Santo, vão levar você a viver o extraordinário de Deus.

Estou bem certa de que viver as promessas do Senhor por meio deste livro vai além do que sonhei. Grandes coisas fez o Senhor por nós e, por isso, estamos alegres (Salmos 126:3).

RECEBENDO **VIDA**
ATRAVÉS DA **PALAVRA**
VOLUME 2

Viver posicionado(a) em Cristo é viver uma vida transformada. Assim, vivenciaremos decretos mudados, viveremos cumprimento de promessas, ressignificando com Jesus para viver um novo nível.

O meu muito obrigada ao meu Deus, por todos os seus feitos e por mais esta obra; e acada coautor(a) que deixou-se ser guiado(a) pelo Senhor. Fizemos uma grande obra, deixando um grande legado.

Querido(a) leitor(a), que Deus o(a) abençoe e através deste livro. Que você seja cheio do Espírito Santo e **receba vida através da Palavra**.

Tenha uma excelente leitura na companhia do Espírito Santo.

Lilia Cleide

Idealizadora e coautora

Créditos: Manoel Guimarães

ALBILENE MANIERO GARCIA

Sou Albilene Maniero Garcia, discípula de Cristo. Minha missão é restaurar identidades, guiando vidas ao seu verdadeiro propósito por meio da Palavra de Deus, oração e mentoria.

Sou brasiliense, residente em Curitiba/PR, casada e mãe de três preciosos adolescentes. Sou dona de casa, escritora, poeta e missionária.

Tenho graduação em Administração e pós-graduação em Marketing pela FGV. Também sou teóloga formada pela Fabapar, com especialização em Teologia do Novo Testamento. Sou coach certificada pelo Paulo Vieira e, atualmente, aluna avivalista pela Bethel Church, na Califórnia/EUA. Amo ler, escrever, criar conteúdo digital, servir a Deus e realizar trabalho voluntário.

Acompanhem-me nas redes sociais:

albilene_bibi

jesusvox

bibibli

albilene@yahoo.com

RECEBENDO **VIDA**
ATRAVÉS DA **PALAVRA**
VOLUME 2

1

A PALAVRA QUE GERA VIDA, VIDA QUE GERA PROPÓSITO

POR ALBILENE MANIERO GARCIA

Faço a você, caro leitor, um convite ousado: navegar em mares contrários às teorias e conselhos deste mundo, destacando o que Deus declara sobre a Palavra e seu poder criador que fundamenta todo o universo, inclusive a nós. É gratificante convidar Jesus para entrar em nosso barco e entregarmos o controle da navegação a Ele e, mesmo que seja por mares tempestuosos, Ele nos conduzirá a águas tranquilas e nos concederá vida por meio de Sua Palavra!

Houve um tempo em que, como as correntes linguísticas e filosóficas ocidentais, eu acreditava que pessoas e coisas precediam as palavras, as quais serviam para descrever e rotular uma realidade. Todavia, descobri que, para Deus, a verdade é o oposto. As palavras têm o poder de criar realidades e gerar vida a partir do nada. As palavras antecedem a realidade! Minha convicção veio da observação da criação do universo, de Jesus como a palavra materializada e do meu testemunho pessoal.

Na criação do universo, Deus formou o mundo pela palavra, como narrado em Gênesis 1 e 2. O que Deus desejava, Ele proclamava e se materializava. Pela palavra, os céus, a terra, os oceanos, os animais e os seres humanos foram criados e receberam vida e forma. Dessa maneira, Jesus, o logos divino, materializou-se: "A palavra tornou-se carne e viveu entre nós" (João 1:14a). O termo grego logos significa não apenas palavra falada ou escrita, mas também razão, lógica e discurso.

Muitas vezes, não compreendemos o profundo poder criativo da palavra na construção da realidade, uma capacidade conferida pelo próprio Deus a todos nós. Minha história ilustra essa verdade: a palavra pode construir ou destruir, transmitir vida ou disseminar morte. Como diz em Provérbios 18:21: "A morte e a vida estão no poder da língua; o que bem a utiliza come do seu fruto".

O foco do meu testemunho é a palavra. Não é uma narrativa de vitimismo, triunfalismo ou julgamento alheio. O vitimismo nega a responsabilidade pelas mudanças; o triunfalismo celebra vitórias com superioridade, e julgar os outros não condiz com a obediência a Cristo, que nos ensina a, sobretudo, amar e perdoar: "Assim como eu vos amei a vós, que também vos ameis uns aos outros" (João 13:34) e "Assim como o Senhor vos perdoou, assim também perdoai vós" (Colossenses 3:13).

No verão de 1974, nasci. Sou Albilene, filha de Albino e Leni. Albino, um homem de olhos azuis, visionário, sagaz e trabalhador; Leni, uma mulher linda, criativa e dedicada. Duas pessoas incríveis, escolhidas por Deus para me gerar. Sou grata por isso!

Minha chegada foi marcada por desafios. Fui fruto de uma gravidez não planejada e não desejada, enfrentando uma batalha pela vida desde o início. Meus pais, solteiros e sem recursos financeiros, optaram pelo aborto, acreditando ser a melhor solução, apesar de não estarem felizes com a decisão. Minha mãe não concordou, mas acatou a escolha de meu pai. As tentativas de interromper a gravidez seguiram até o sexto mês, inclusive com altas doses de Cytotec, mas o aborto não ocorreu.

A luta pela sobrevivência e a narrativa dos acontecimentos marcaram profundamente minha existência, gerando em minha alma a sensação de ser um acidente. Não fui aceita pelas pessoas mais importantes da minha vida, que preferiram, naquele momento, que eu não tivesse nascido. Cada vez que eu ouvia sobre as tentativas frustradas de interromper a gravidez, uma realidade de morte instalava-se em mim.

Como a identidade é construída a partir das relações familiares e sociais, influenciada pelas memórias e sentimentos associados a elas, para mim, não fazia sentido ter sobrevivido às tentativas de aborto. A rejeição tornou-se as lentes pelas quais eu enxergava o mundo, causando diversas marcas emocionais, físicas e espirituais. Fisicamente, lutei contra terríveis alergias a medicamentos que se manifestavam violentamente. Espiritualmente, tinha fortalezas inconscientes que me impediam de me sentir plenamente aceita e amada por Deus. Acreditava em um Deus falível, que cometeu um erro ao permitir meu nascimento. Emocionalmente, o medo da rejeição manchou e limitou minhas relações pessoais e profissionais.

Ao longo dos anos, trilhei um caminho amargo, pois palavras malditas definiram minha identidade antes mesmo de eu nascer. Mesmo sendo cristã desde 1995, apaixonada por Jesus e pelo Evangelho, bacharel em Teologia, especialista em Novo Testamento e tendo estudado com os melhores do Brasil em libertação e cura interior, a palavra "acidente" continuava presente como uma marca indelével. Os conhecimentos que adquiri foram como ondas, mas não conseguiram mudar o curso da maré que conduzia meu barco em direção à rejeição, meu porto de partida e, ao que me parecia à época, de destino, mesmo com Jesus sempre no barco. Experimentei exatamente o que a Bíblia sabiamente relata: "Assim como você pensa, você é" (Provérbios 23:7).

No entanto, chegou o dia designado por Deus para que eu recebesse vida por meio de uma palavra poderosa! Em 2021, após a pandemia, participei do curso on-line "Voe, borboleta", concebido pela pastora Gisah Janzen. Durante uma dinâmica, a ministradora Emely proferiu a frase "Você foi feita de propósito", que ecoou em meu coração como uma revelação divina. Inicialmente, analisei a palavra profética com uma visão teológica, refletindo nos Salmos 139 e em Jeremias 1, que afirmam que todos fomos formados por Deus no ventre e existe um propósito desde o nosso nascimento. No entanto, Emely enfatizou que o propósito não se tratava da minha missão, porém da intencionalidade de Deus ao me formar e preservar no ventre!

Fiquei profundamente impactada por essa palavra. Percebi que minha vida toda havia sido pavimentada pela gravidez acidental e pelas tentativas de aborto na linha do tempo. Agora, tudo isso foi completamente transformado! Do alto dos céus até as profundezas da terra! Eu estava cega para o fato de que, apesar de todas as tentativas de interromper minha vida, Deus estava agindo para me manter viva, independentemente das circunstâncias. Eu não sou, portanto, um erro de Deus, mas uma vida deliberadamente criada de propósito e com um propósito! No presente, entendo que sou um verdadeiro milagre, confirmado por ter nascido sem sequelas físicas graves, algo raro após o uso excessivo do abortivo Cytotec.

A palavra profética recebida em "Voe, borboleta" não foi apenas um evento na linha do tempo, mas uma revelação divina que me conectou à minha identidade original e a despertou. "Você foi feita de propósito" tornou-se uma verdade que substituiu a mentira de que eu era um acidente! Trouxe vida, onde havia morte, paz, onde havia desespero, esperança, onde havia descrença, e pertencimento, onde havia vergonha da rejeição. Hoje sei que sou filha amada, criada e formada por Deus, à Sua imagem, com um propósito definido.

Entendo que minha identidade não foi restaurada mais rapidamente por dois motivos. O primeiro, porque escondi por 47 anos que me sentia um acidente. Meu modo de sobrevivência era esconder a corrosiva rejeição, o que impedia a luz de entrar e a verdade de florescer. Uma máscara estava fixada em meu rosto e, por dentro, era dor e trevas; por fora, um sorriso! Eu tinha ciência que era controlada pela rejeição e a escondia por vergonha, inimiga incrustada em todas as áreas da minha vida, limitando-me completamente.

O segundo motivo da demora foi que minha identidade foi moldada por um evento concreto em minha história. Coloquei a opinião dos meus pais, na época, acima do que Deus pensa a meu respeito. Em meu coração, não havia esperança de mudança, pois tanto a rejeição da gravidez quanto as tentativas de aborto foram reais. Atualmente, percebo que grandes mentiras frequentemente se sustentam em pequenas verdades para nos enganar e aprisionar.

A partir da palavra profética "Você foi feita de propósito", o processo de cura interior acelerou e aprofundou-se. Deus assumiu o controle do meu barco e, em 2022, participei da oração do ventre no Instituto Casa Rute, com a psicóloga Silvana Calixto. Deus revelou palavras de bênção em cada fase da gestação turbulenta. Desde então, superei a vergonha e compartilho corajosamente minha história, expondo as dores do passado e minha maravilhosa restauração.

Minha existência é um testemunho do milagre de ser renovada pela palavra. Compreender a verdade divina sobre minha origem revelou meu propósito e destino: gerar vida por meio das palavras. Hoje, percebo como uma única palavra pode acender ou apagar uma pessoa, transformando sua vida para sempre.

Minha história é como a de tantas pessoas marcadas pela rejeição. As batalhas mais intensas e dolorosas acontecem dentro de nossos corações e mentes. A boa notícia é que Jesus tem ciência de cada uma dessas dores – e como! O mais rejeitado de todos cancelou tudo isso na cruz, há dois mil anos.

Com esse testemunho, encorajo você não apenas a acreditar no poder criador da palavra, mas também a avaliar a fonte de sua identidade. Pergunto:

ela se origina em Deus, nas opiniões alheias ou em eventos marcantes em sua vida? Outra pergunta reveladora: o que você pensa sobre si mesmo poderia ser dito a respeito de Jesus? Eu me via como um acidente, mas Jesus não pode ser um acidente. Se tivesse entendido isso antes, teria percebido que minha identidade estava claramente baseada em uma mentira.

Na jornada transformadora da palavra que gera vida e propósito, Deus remodela nossa identidade. Com Jesus no leme, escapamos das correntes que nos arrastam aos portos da rejeição e ancoramos em águas tranquilas, onde Ele revela Sua imagem em nós para uma nova jornada espiritual. Em Gênesis 1:26, Deus nos cria à Sua imagem, moldando-nos com Seu toque e com o sopro do Espírito Santo, um privilégio de valor inestimável. Lembremos sempre que "todas as coisas cooperam para o bem daqueles que amam a Deus, segundo Seu plano soberano" (Romanos 8:28). Assim, quando as memórias das tempestades da vida surgirem, saibamos que até mesmo as dores se transformam em matéria-prima para os milagres, por meio da palavra.

"Hoje percebo como uma única palavra pode acender ou apagar uma pessoa, transformando sua vida para sempre."

ALBILENE MANIERO GARCIA

ALESSANDRA FERREIRA

Sou Alessandra Ferreira, mineira, resido em Ouro Branco/MG, casada há dezessete anos com o pastor Adriano Ferreira, o grande amor da minha vida e maior incentivador do meu ministério. Sou mãe de um casal de filhos maravilhosos: Lucas e Lavínia, que me inspiram a ser a cada dia uma pessoa melhor.

Sou psicanalista clínica cristã, pós-graduada em Neuropsicologia e com especialização em Trauma, mentora de mulheres e pregadora do Evangelho. Já alcancei vários países em quatro continentes, em atendimentos clínicos, cursos e mentorias on-line.

Fundadora da página do Instagram @amor.a.palavra, uma porta que Deus abriu para levarmos a Palavra de Deus para milhares de pessoas.

Fui alcançada pelo Evangelho de Cristo em 2009, e tenho me movido para conduzir pessoas a um nível de profundidade bíblica e intimidade com Deus.

amor.a.palavra

+55 (31) 98899-4362

aleferreirapsicanalista@gmail.com

RECEBENDO **VIDA**
ATRAVÉS DA PALAVRA
VOLUME 2

2 MOLDADOS POR DEUS: CRESCENDO EM TEMPOS DE PROVAÇÃO

POR ALESSANDRA FERREIRA

Existem momentos em nossas vidas nos quais Deus nos conduzirá a determinados lugares de solidão, dor ou adversidade, para trabalhar algo dentro de cada um de nós. Tudo, para ser duradouro, tem que começar da fundação, das bases estruturais que dão sustentação ao que será edificado. Assim, toda obra que Deus irá edificar em nós começará "de dentro para fora".

Deus criou o homem para uma vida de relacionamento e intimidade com Ele. Ele nos convida, diariamente, a cavarmos as camadas da superficialidade para vivermos em um nível profundo de intimidade.

Muitos estão vivendo uma vida rasa em Deus, e o pior é que estamos tão "no automático" que não percebemos isso. Vivemos no engano de achar que a nossa vida espiritual está frutificando para Deus, mas na verdade são só folhas que dão visibilidade, mas não alimentam de verdade (Marcos 11:13-14).

E, com o propósito de revelar a nós mesmos o raio-x das nossas raízes, removendo o que está tóxico e fortalecendo nossa estrutura, por meio de nossa conexão mais profunda à fonte de nutrição e sustento, que é a Sua presença, nós seremos matriculados na "Escola de Deus", para que, após sermos aprovados, alcancemos a certificação paga por Jesus e selada pelo Espírito Santo para atuarmos na vida como embaixadores do Reino, que carregam uma unção nova e verdadeira.

Quero direcionar você, caro leitor, por meio dessa leitura, a contemplar três lugares de preparação pelos quais Deus pode nos conduzir, e quais lições e aprendizados podemos extrair deles. São lugares que carregam algumas semelhanças, pois são matérias da mesma escola de Deus para nos preparar, mas têm características peculiares a serem analisadas. Esses lugares são: as tempestades, os desertos e as altas temperaturas.

As tempestades da vida

As tempestades da vida virão, e quando uma tempestade vem, ela arranca tudo que está superficial e fica apenas o que tem profundidade. Dessa maneira, as tempestades ou ventos fortes virão para revelar a nossa estrutura, aquilo em que estamos firmados. Mas elas são pedagógicas, trazendo-nos aprendizado e, principalmente, proporcionando-nos oportunidades de mudança.

Em Marcos, capítulo 4, Jesus leva os discípulos para dentro de uma tempestade:

> E naquele dia, sendo já tarde, disse-lhes: Passemos para a outra margem. [...] E levantou-se grande temporal de vento, e subiam as ondas por cima do barco, de maneira que já se enchia de água. E ele estava na popa dormindo sobre uma almofada; e despertaram-no, dizendo-lhe: Mestre, não te importa que pereçamos? (Marcos 4:35, 37-38)

Jesus nunca nos coloca em uma tempestade sem um propósito. Havia um gadareno para ser liberto do outro lado após a tempestade (Marcos 5:1-20). Sempre que estamos prestes a alcançar novos níveis em Deus, viver coisas novas ou maiores, Ele nos conduzirá a um tempo de preparo e fortalecimento da nossa fé.

Quando estamos em meio a crises, tendemos a temer ou pensar que Deus se esqueceu de nós, porque não temos a visão de futuro, daquilo que está do outro lado da tempestade. Mas Deus, que é onisciente e um pai amoroso, sabe aquilo que precisamos passar para chegarmos ao nosso destino profético. Ele não nos levará a lugares ou nos entregará algo que não estejamos prontos ou preparados para viver.

Com Jesus estavam homens especialistas em alto mar. Jesus os experimentou em meio a uma tempestade porque eles achavam que eram fortes e autossuficientes. Deus, em determinados momentos, vai tirar o controle da situação de nossas mãos para revelar nossa fraqueza e nos ensinar a confiar nEle e não em nosso próprio eu. Muitas vezes, confiamos em nossas forças e habilidades, em nossos recursos terrenos, e as tempestades vêm para arrancar tudo isso que está por cima e nos mostrar que a nossa confiança quando depositada em lugar errado gera frustração, mas que "aqueles que confiam no Senhor são como o Monte Sião, que não se abala e permanece para sempre" (Salmos 125:1-3).

As tempestades nos ensinam a depender e a confiar em Deus e na Sua Palavra liberada ao nosso respeito.

Os discípulos tinham uma promessa de destino liberada e a presença dAquele que fez a promessa no barco com eles, mas, mesmo assim, tiveram medo quando a tempestade veio.

Que as tempestades que você enfrentar na vida não o façam esquecer que Deus não o abandonou sozinho no barco, Ele está com você e o ensina a descansar em meio à tormenta, confiando e dependendo somente dEle para acalmar esse vento forte e realizar a promessa feita ao seu respeito, levando-o para um outro nível, com novas experiências e com a sua fé aumentada em presenciar o que Ele irá fazer nesse processo!

Os desertos secos e solitários

> E te lembrarás de todo o caminho, pelo qual o Senhor teu Deus te guiou no deserto estes quarenta anos, para te humilhar, e te provar, para saber o que estava no teu coração, se guardarias os seus mandamentos, ou não. (Deuteronômio 8:2)

Falar de deserto é falar de um lugar de solidão, aridez, escassez e esterilidade. É também um lugar de miragens, o que simboliza um lugar de frustação e decepção. No deserto nos decepcionamos com pessoas e nos vemos sozinhos.

Deserto não é o fim, mas o início de um novo começo. O Senhor levou Israel a caminhar pelo deserto antes de chegarem à Terra Prometida. Ele os havia tirado do Egito, mas para remover o Egito de dentro deles era necessário um período de estabelecimento no deserto. Jesus, antes de iniciar seu ministério terreno, foi conduzido pelo Espírito ao deserto. Então, o deserto não é o fim, mas o que irá inaugurar um novo ciclo em sua vida. Não é lugar de punição ou castigo de Deus, mas lugar de aperfeiçoamento e crescimento. Não é seu destino, mas um lugar de passagem.

O deserto simboliza um tempo de silêncio de Deus. Nesse lugar, Deus vai, sim, se revelar de uma forma extraordinária em sua vida, mas antes Ele vai se calar para sondar o seu coração.

É quando você sente que nada acontece. A esterilidade chegou. Você vê tudo acontecendo na vida dos outros, mas a sua vida parece estagnada, difícil, travada. Mas o que precisamos saber é que o silêncio de Deus, no deserto em que passamos, vai nos ensinar mais que mil palavras. Porque é quando Deus se cala que aprendemos a buscar mais a Sua presença. É quando a água é escassa e o calor sufocante que aprendemos a estender nossas raízes mais e mais profundamente, até encontrarmos a fonte de água para nos nutrir e nos fazer florescer.

Lugar de crescer raízes não é em meio à multidão, mas sim no lugar secreto, na presença daquele que o conduziu para esse lugar.

Que nos dias mais solitários e secos da sua vida você possa compreender que Ele não o deixa sozinho, mas Ele está fortalecendo suas raízes e o ensinando a buscar água diretamente na fonte, que é inesgotável e pura. Crescer para baixo, no subsolo, é o pré-requisito para que seu crescimento para cima, visível ao mundo, seja duradouro e eficaz.

Saiba que você sairá desse deserto mais maduro e preparado para viver seu chamado em Deus.

Altas temperaturas

> Ele se assentará como refinador de prata e queimará toda impureza. (Malaquias 3:3a)

Outra maneira que Deus se utiliza no nosso processo de crescimento e aperfeiçoamento é nos refinar por meio de altas temperaturas. O fogo simboliza momentos de grande dor e aflição. Sim, o fogo queima, e a dor é tão intensa que pensamos que não iremos suportar.

O processo do ourives em refinar o ouro consiste em remover as impurezas misturadas ao metal, nesse processo isso só é possível após o ouro ser triturado e aquecido. Após derretido e misturado a um solvente, as impurezas sobem para a superfície e o ouro permanece no fundo. Assim, o ourives consegue remover as impurezas e obter um metal mais puro e valioso.

Da mesma maneira, sob o calor das provações, as impurezas sobem à tona, ou seja, nesse momento revelamos o que guardamos em nosso interior e que está misturado à nossa identidade, ofuscando a nossa essência e o nosso real valor.

Esse é o momento quando Deus irá trabalhar em nossa estrutura removendo aquilo que não lhe agrada. Orgulho, ira, inveja, soberba, amargura, falta de perdão e tantos outros sentimentos e emoções tóxicas que temos guardados nas recâmaras mais escondidas e secretas do nosso coração serão revelados e removidos no processo de purificação de Deus.

Da mesma maneira, as altas temperaturas são utilizadas para a fabricação do vaso de barro que o oleiro forma com suas próprias mãos. O vaso precisa passar pelo forno para que ele seja fortalecido e, quando utilizado, não venha a rachar. Nós somos os vasos nas mãos do oleiro (Jeremias 18:1-6) e o Dono do vaso, quem o formou e o projetou, sabe a sua finalidade e a temperatura a que esse vaso deve ser exposto para suportar o que será plantado dentro dele.

Quanto maior a planta e mais profundas as suas raízes, mais aquecido o vaso precisará ser para suportar aquilo que crescerá nele sem ele se quebrar. Por isso, se você está sendo aquecido na fornalha da aflição, o oleiro é conhecedor da finalidade do vaso, então não desista, mas suporte o processo.

Eu não sei qual processo de Deus você está enfrentando neste momento em que lê este devocional, se são fortes tempestades que assolam seu barco, se são desertos solitários e secos em que nada parece crescer ou frutificar ou se sua vida tem sido aquecida por altas temperaturas, nas quais a dor é tão profunda que você pensa que não irá suportar.

Mas, de uma coisa eu tenho certeza: quanto maior a dor ou mais difícil o processo, maior é o propósito de Deus em sua vida. É necessário suportarmos o processo para desfrutarmos da promessa. Mas o principal não é suportarmos, mas aprendermos com os processos da vida, permitirmos que, por meio de cada um deles, Deus nos ensine a dependermos dEle e a confiarmos no Seu amor e socorro bem presente em meio à tempestade.

Que Ele desenvolva em nós um sistema de raízes profundas, para que mesmo nos dias mais secos sejamos saciados pela fonte de água viva. Que Ele remova do nosso interior toda impureza atrelada à nossa essência e que ofusca a nossa verdadeira identidade e nos impede de refletirmos a luz de Cristo neste mundo de trevas.

Permaneça firme! Novos níveis o esperam depois da tempestade, e o Senhor, que passa com você no trajeto, espera-o nesse lugar!

“Sempre que estamos prestes a alcançar novos níveis em Deus, Ele nos conduzirá a um tempo de preparo e fortalecimento da nossa fé.”

Alessandra Ferreira

Rebecca

MISSIONÁRIA ANA GLÁUCIA

Eu me chamo Ana Gláucia dos Passos Lino, sou casada com Guilherme Lino há quatorze anos, mãe de um casal lindo, Rebecca Passos, de 16 anos, e Guilherme Passos, de 12 anos.

Sou formada em Comunicação (2002) pela FaAC Unisanta, e em Terapia Cristã/Neuroteologia pela FATEB, com especialização no universo feminino e em traumas religiosos. Presidente do Projeto UMAC, que há oito anos vem alcançando vidas e reestabelecendo a identidade da mulher, resgatando a essência no propósito de Deus em cura e libertação das emoções, dando equilíbrio pela Palavra viva.

Estou missionária itinerante há mais de treze anos, ministra da Palavra e cantora, servindo ao Senhor na Igreja Pentecostal Sopro Divino, na cidade de Praia Grande, litoral de São Paulo, fazendo o ide do Senhor com muita alegria e gratidão a Deus por essa rica oportunidade em servi-Lo com excelência.

Obrigada, Pai, por me escolher e me permitir somar no teu Reino!

ana.glaucia.33

projetoumac7

Ana Gláucia

RECEBENDO **VIDA**
ATRAVÉS DA PALAVRA
VOLUME 2

3 MENTES RESOLVIDAS, EMOÇÕES BEM GUARDADAS

POR MISSIONÁRIA ANA GLÁUCIA

> Sobre tudo o que se deve guardar, guarda o seu coração porque dele procedem as fontes da vida. (Provérbios 4:23)

Você já se pegou pensando nesse texto que Salomão escreveu? "Guardar o coração": o que o proverbista quis expressar nesse versículo? Convido-o a meditarmos nesse conselho tão valioso, útil para nós ao longo da vida.

Primeiramente, precisamos entender que a palavra "coração" aqui não é o órgão em si, que bombeia sangue para todo o corpo, mas sim a sede da razão e da nossa vontade. "Coração" refere-se ao centro das nossas emoções, o que muitas vezes está oculto aos outros, mas Deus conhece.

Segundo a visão do comentarista Adam Clarke sobre este versículo de Provérbios 4:23: "[...] isto é uma clara alusão às artérias que transportam o sangue do coração por todo o corpo até as extremidades, pois enquanto o coração for capaz de receber o sangue haverá vida em continuidade" (Clarke, 2014).

Como o coração é a fonte de todas as correntes da vida, deve-se ter muita cautela, muito cuidado, para que esta fonte não seja contaminada ou corrompida. Segundo a Bíblia, a mente e o coração andam juntos, mas possuem funções muito distintas. A mente é a responsável por processar informações, analisar situações e tomar as decisões baseadas na razão. Já o coração é o centro das nossas emoções e dos nossos desejos, influenciando nossas atitudes e motivações.

Deus, em sua perfeição, nos criou capaz de sentirmos diversas emoções. Primeiramente, nossas emoções foram criadas para **sentir Deus**. Antes da queda, as emoções positivas, tais como amor e alegria, eram comuns à vida do homem, pois o homem era completo e totalmente satisfeito. A partir da queda, ou seja, da desobediência do homem a Deus, emoções negativas, tais como o medo e ira, passaram a ser parte da vida humana também. Sendo assim, entendemos que as emoções são intrínsecas ao ser humano. Dessa forma, as emoções são resultadas de estímulos ou interferências internas ou externas, afetando o organismo humano e também seu comportamento.

O proverbista continuou:

> – O que sai da pessoa é o que a faz ficar impura.
> Porque é de dentro do coração que vêm os maus pensamentos, a imoralidade sexual, os roubos, os crimes de morte, os adultérios, a avareza, as maldades, as mentiras, as imoralidades, a inveja, a calúnia, o orgulho e o falar e agir sem pensar nas consequências.
> Tudo isso vem de dentro e faz com que as pessoas fiquem impuras. (Marcos 7:20-23)

Por que guardar o coração?

Entendo que sou aquilo que há no meu coração. Somos um espírito, que tem uma alma e habita dentro de um corpo. Sendo assim, somos uma **tricotomia** (corpo/alma/espírito). Nossa alma tem tanta importância quanto a evolução espiritual e o crescimento e desenvolvimento de um relacionamento com o Espírito Santo. Se não cuidarmos, se não vigiarmos nossa alma, ela nos engana e nos domina, trazendo assim a quebra da fiação que temos com Deus, o relacionamento com Ele. Isso dá legalidade para o pecado invadir e descontrolar nossa transformação.

Se o nosso coração não for guardado, a nossa velha criatura, a natureza adâmica tenderá a nos dominar, porque o pecado está em nosso coração. Por isso, precisamos lutar contra as setas malignas, os desejos ocultos e todo o lixo (malefícios) que vêm para atrapalhar o andamento da boa obra em nós, por meio do Espírito Santo da verdade.

> Sabemos que enganoso é o coração, mais do que todas as coisas, e desesperadamente corrupto quem o conhecerá? (Jeremias 17:9)

Quantas vezes o coração nos engana?

É por isso que as Escrituras Sagradas nos ensinam e nos aconselham sobre guardar o coração, as nossas emoções e saber administrá-las, não negligenciando os sinais que com o tempo vão surgindo, apontando nosso estado real, sem máscaras.

Quando lemos as Escrituras, conhecemos alguns personagens bíblicos que não guardaram o coração, assim como lhes foi ordenado pela Palavra. Pelo contrário, assumiram algumas escolhas difíceis, atalhos que poderiam ser evitados se dessem ouvido ao que lhes foi pedido, ordenado, ensinado.

Lembra-se de Caim?

> Então o Senhor perguntou a Caim: "Por que te iraste? E por que está descaído o teu semblante?
> Porventura se procederes bem, não se há de levantar o teu semblante? E se não procederes bem, o pecado jaz à porta, e sobre ti será o seu desejo; mas sobre ele tu deves dominar."(Gênesis 4:6-7)

O texto acima retrata que, após sua oferta não ter sido aceita por Deus, e sim a do seu irmão Abel, vemos a grande fúria que se instalou no coração de Caim, fazendo assim o seu semblante se transtornar, ao ponto de tomar decisões errôneas, sendo enredado pelo mal.

A palavra de Deus nos diz em Provérbios 15:13 que "o coração alegre aformoseia o rosto, mas pela dor do coração o espírito se abate". Deus nos adverte sobre as reações malignas que podemos ter, e também fala que o pecado jazia à sua porta e que ele precisava ter autocontrole sobre seus sentimentos e emoções e não se permitir ceder às vias de fato (ao ímpeto).

Precisamos dar ouvidos aos conselhos e praticar aquilo sobre o que o **Senhor** nos adverte. Precisamos guardar nossas emoções, estando em alerta para não abrirmos portas para que a velha natureza, pecaminosa e caída, venha nos dominar. Não podemos dar acesso ao pecado, nem a sentimentos ruins. Lembre-se: não dê vazão ao mal. O diabo precisa de uma brecha para atuar, vigie!

Infelizmente, temos a tendência de, todas as vezes que somos contrariados, maquinarmos o mal ou nos colocarmos como vítimas, para tentarmos nos desviar da nossa responsabilidade pelos nossos atos.

Como está o seu coração hoje?

Deus deu oportunidade a Caim para guardar o coração, e também está nos dando oportunidade de confessarmos a **Ele** nossos pecados e desejos mais ocultos por meio da oração. Firmados nela, podemos produzir frutos de arrependimento. Não ceda ao bote da serpente, nem abra as portas do seu coração para ela, não dê ouvidos ao vil tentador, resista! Você em Jesus é maioria!

Conhecemos muito bem a história do rei Davi, homem intitulado "segundo o coração de Deus". Davi era obediente, compromissado, fiel à vontade e propósito de Deus, buscando a santificação. Essas características, além do referencial de servo verdadeiro eram atributos pelos quais Deus o nomeava. Em um certo momento, esse homem não guardou suas emoções e pensamentos, deixando assim a tentação o dominar. Isso o fez deslizar e desviar-se da vontade divina onde a transgressão o tomou numa gravidade tremenda.

> Um abismo chama outro abismo ao ruído das tuas catadupas; todas as tuas ondas e vagas têm passado sobre mim. (Salmos 42:7)

O salmista Davi, no Salmos 51, faz uma linda confissão de pecado onde relata toda a trama ocorrida em II Samuel, capítulos 11 e 12, trazendo uma angústia profunda, uma aflição interna, por não guardar o seu coração. Entendendo que quando trilhou seu próprio caminho, deixou suas vontades serem afloradas, pagou um alto preço tendo seu relacionamento com Deus interrompido.

O pecado separa o homem de Deus desde o Éden e precisamos lutar contra essa predisposição todos os dias. Por isso, precisamos nos permitir sermos tratados por Deus e pela sua palavra no nosso homem interior (caráter).

> Cria em mim, ó Deus, um coração puro, e renova em mim um espírito reto. Não me lances fora da tua presença, e não retire de mim o teu santo Espírito. (Salmos 51:10-11)

Infelizmente, se não deixarmos o Espírito Santo trabalhar em nosso caráter, tendemos a guardar muitas coisas, sendo elas muito prejudiciais no longo prazo.

O trabalho do Espírito Santo é nos ajudar a guardar o que realmente é valioso dentro de nós. O salmista afirma, em Salmos 119:10: "Guardei a tua palavra no meu coração, para não pecar contra ti", valorizando a obra salvífica do Senhor sobre nós, a obra da transformação de dentro para fora, a redenção, o arrependimento, o resgate da intimidade com o Pai nos religando a Ele, dando-nos uma nova oportunidade de vida saudável.

E o que você tem escolhido?

Nossas escolhas precisam ser muito cautelosas, baseadas na palavra de Deus e nos seus mandamentos. "[...] a boca fala, do que o coração está cheio" (Mateus 12:34).

Sendo que as palavras revelam o que carregamos por dentro, nosso estado real, a verdade de quem somos, precisamos pensar que **de uma fonte salgada não se pode jorrar água doce**, não é verdade? Então, nossas escolhas, palavras e atitudes enfatizam o que somos e o que carregamos. As palavras mostram se estamos com um coração doente ou se há saúde e vida de Cristo em nós.

Não podemos negligenciar nosso autocuidado, autorresponsabilidade. Além disso, precisamos vigiar nossos olhos e as nossas emoções. Se mantivermos o foco em cuidar das nossas emoções, muitas coisas poderão ser evitadas.

Que possamos buscar a Deus intensamente e inteiramente. Isso repara nossa alma e nos mantém em um relacionamento saudável e espiritual com as pessoas que nos cercam. Isso torna os relacionamentos empáticos, agradáveis e leves.

Guarde o seu coração e viva uma vida dentro do centro da vontade de Deus! Para podermos viver o grande propósito em nossas vidas, precisamos nos permitir, suportando o processo árduo da lapidação!

Referência

CLARKE, Adam. **Comentario de la Santa Biblia**: Compendiado de la obra publicada por Ralph Earle en ocho volúmenes. [*S.l.*]: Casa Nazarena de Publicaciones, 2014. (Tomo II: Antiguo Testamento: Job a Malaquías.)

"Permita-se viver
o extraordinário
de Deus."

Missionária Ana Gláucia

CAMALLA SALES

Meu nome é Camalla Sales, sou casada há treze anos com o amor da minha vida, Venusiano Ramos, e mãe de dois lindos meninos: Noah, de 5 anos, e Ethan, de 2 anos.

Sou palestrante inspiracional e gerente geral de agências em um grande banco brasileiro e busco equilibrar minha carreira com os valores que prezo em casa. Tenho uma paixão profunda por viver o propósito de Deus e impactar vidas de forma extraordinária.

Acredito que o amor de Deus transforma, cura e liberta, e meu objetivo é ser um instrumento desse amor na vida de muitas mulheres e jovens ao redor do Brasil e do mundo.

camallasales

+55 (24) 98828-9044

camallasales@gmail.com

RECEBENDO **VIDA**
ATRAVÉS DA **PALAVRA**
VOLUME 2

4 A JORNADA DA AUTODESCOBERTA

POR CAMALLA SALES

Muitos passam boa parte de suas vidas sem jamais descobrirem sua verdadeira identidade, presos nas demandas do dia a dia, nas expectativas alheias e nos papéis que a sociedade impõe, acabam por nunca explorar a profundidade de quem realmente são.

A jornada da autodescoberta é, antes de tudo, uma caminhada de fé. Conhecer a si mesmo requer um compromisso de busca contínua por Jesus, pois é nEle que encontramos a verdade sobre nossa existência e propósito. Somente por meio de um relacionamento íntimo com Cristo podemos desvendar o mistério de nossa verdadeira identidade, revelada na luz de Seu amor e graça.

Quando olho para trás, vejo uma juventude repleta de desafios, em que a timidez era minha companheira constante e o hábito da leitura não fazia parte do meu cotidiano. Durante a infância e adolescência, enfrentei rejeições que minaram minha autoconfiança, fazendo-me sentir um profundo senso de falta de merecimento e incapacidade. Aos 16 anos, comecei a trabalhar como estagiária em uma instituição financeira para ajudar meus pais nas despesas de casa, já que enxergavam nesse emprego uma oportunidade promissora para o meu futuro. Mergulhei de cabeça no mundo profissional, um período intenso e transformador em que descobri o valor da maturidade e da responsabilidade.

Ao longo da minha trajetória, percebi que esperar passivamente por oportunidades não era suficiente. Eu deveria assumir a responsabilidade pelo meu próprio destino, tanto na vida quanto na carreira. Essa descoberta mostrou-me que a autenticidade é uma verdadeira superpotência. Ser quem eu realmente sou, sem tentar me encaixar em moldes pré-determinados, tornou-se um dos maiores valores que carrego comigo.

Essa busca por autenticidade, no entanto, não foi uma jornada solitária. Encontrei meu verdadeiro caminho quando passei a depender de Deus. Essa conexão profunda foi crucial para que eu me encontrasse e entendesse meu propósito. Começar minha carreira tão jovem me proporcionou uma maturidade precoce e me expôs a desafios que muitos só enfrentam anos depois. Cada obstáculo que superei foi uma lição valiosa, moldando-me e fortalecendo minha autoconfiança. Agora, encaro o futuro com gratidão e entusiasmo, sabendo que a jornada de aprendizado e crescimento nunca termina.

A Bíblia está repleta de exemplos de homens e mulheres que superaram desafios por meio da fé e ação. Considere a história de Davi, um simples pastor de ovelhas que se tornou rei. Sua vida não foi fácil, mas ele nunca deixou que os desafios o paralisassem. Quando enfrentou Golias, ele declarou com confiança: "O Senhor me livrou das garras do leão e das garras do urso; ele me livrará das mãos deste filisteu" (1 Samuel 17:37).

Muitas vezes, a vida nos coloca à prova com desafios e dificuldades. No entanto, é reconfortante saber que temos um Deus que nunca desiste de nós e nos ama incondicionalmente.

Na minha jornada, enfrentei inúmeras adversidades, desde a falta de experiência até a necessidade de me provar em um ambiente dominado por profissionais mais velhos e experientes. Esses desafios iniciais forçaram-me a desenvolver rapidamente habilidades que eu nem sabia que possuía. Com cada obstáculo, aprendi a ser resiliente e a buscar soluções criativas. Por meio da determinação e da orientação divina, transformei essas dificuldades em oportunidades.

A constante superação de obstáculos não apenas aprimorou minhas competências profissionais, mas também solidificou minha confiança em mim mesma e na minha fé. Quando estamos no centro da vontade de Deus, conseguimos enxergar além das dificuldades imediatas, percebendo o valor das lições aprendidas ao longo do caminho. Essa experiência moldou meu caráter, tornando-me mais forte e mais preparada para o futuro. Hoje, encaro cada novo desafio com a certeza de que, com fé e ação, superamos desafios, encontramos propósito e vivemos a plenitude que Deus preparou para nossas vidas.

A perseverança é uma qualidade crucial na caminhada cristã. Hebreus 12:1 nos encoraja a "correr com perseverança a carreira que nos está proposta". Esse versículo sempre me inspirou a continuar, mesmo quando as coisas pareciam impossíveis. Lembro-me das longas horas de trabalho, das noites sem dormir e das vezes em que pensei em desistir. Mas cada vez que me voltava para Deus em oração, encontrava nova força e determinação para seguir em frente.

Cada etapa dessa jornada me mostra que o verdadeiro sucesso não está apenas em alcançar metas, mas em avaliar e aprender com o processo. Aprenda a valorizar as pequenas vitórias e a reconhecer o crescimento em cada derrota. Essas lições tornaram-me uma pessoa mais grata e consciente do meu próprio potencial. Sei que o caminho à frente ainda traz muitos desafios, mas estou preparada para enfrentá-los com coragem e determinação.

Equilibrar a vida pessoal e profissional também foi um desafio constante. Encontrar tempo para Deus, família, amigos e trabalho exigiu disciplina e priorização. "Para tudo há uma ocasião certa; há um tempo certo para cada propósito debaixo do céu". Esse versículo, que se encontra em Eclesiastes 3:1, ensinou-me a importância de equilibrar as demandas da vida, garantindo que cada área recebesse a devida atenção sem sacrificar minha saúde mental e espiritual.

A orientação do Espírito Santo de Deus foi fundamental nessa jornada, Sua presença era palpável em cada decisão importante que tomava, proporcionando-me a confiança necessária para seguir adiante. Cada conquista foi uma confirmação de que estava no caminho certo, guiado por uma força maior que abria portas que eu nunca imaginei abrir.

A vida com Deus não é isenta de dificuldades, mas é preenchida com propósito e direção. Efésios 2:10 afirma: "Pois somos criação de Deus realizada em Cristo Jesus para fazermos boas obras, as quais Deus preparou antes para nós as praticarmos." Esse versículo nos lembra de que fomos criados com um propósito específico e que Deus já preparou boas obras para realizarmos.

Descobrir e viver o propósito de vida é uma jornada contínua. A Bíblia está repleta de promessas de que Deus tem planos para nós, "planos de prosperidade e não de calamidade, para nos dar esperança e um futuro" (Jeremias 29:11). Esse versículo me deu esperança em momentos de incerteza, lembrando-me de que Deus tem um plano perfeito para minha vida.

Meu propósito tornou-se claro por meio das experiências, desafios, perdas e vitórias que vivi. Entendi que minha missão é inspirar homens e mulheres a conhecerem sua verdadeira identidade em Cristo, a superar desafios e a viver plenamente o propósito de Deus para suas vidas. Cada história de superação, cada lição aprendida e cada sonho realizado são partes desse grande plano divino.

Certa vez, compartilharam comigo a história de uma jovem chamada Sofia, que cresceu em uma pequena cidade onde todos pareciam conhecer o destino um do outro desde o nascimento. Sofia sonhava com algo maior, mas as expectativas familiares e as limitações financeiras a mantinham presa a um caminho previsível.

Um dia, ao completar 18 anos, Sofia decidiu que era hora de descobrir quem ela realmente era. Ela partiu para a cidade grande em busca de novas oportunidades, levando consigo apenas uma mala cheia de esperança e uma Bíblia que pertencera à sua avó.

Nos primeiros meses, Sofia enfrentou desafios enormes. O custo de vida era alto e seu trabalho como garçonete mal cobria as despesas. Mas todas as noites, antes de dormir em seu pequeno apartamento alugado, ela lia um pouco da Bíblia e orava, buscando orientação e força.

Um dia, durante seu trabalho, Sofia conheceu uma mulher idosa que se tornaria sua cliente regular. Elas começaram a conversar regularmente, e Sofia descobriu que a mulher, apesar de seus muitos anos, ainda mantinha um espírito jovem e uma fé inabalável.

Inspirada pela história de vida daquela mulher, Sofia começou a frequentar uma pequena igreja local. Lá, encontrou uma comunidade acolhedora que a apoiava em sua jornada de autodescoberta. À medida que sua fé se fortalecia, Sofia começou a se sentir mais confiante para explorar suas paixões e talentos.

Com o tempo, Sofia descobriu um amor pela fotografia, algo que nunca havia considerado antes. Ela começou a capturar momentos significativos da vida da igreja e das pessoas ao seu redor, revelando uma beleza e profundidade que ela não sabia que possuía.

Hoje, Sofia é uma fotógrafa próspera, reconhecida, especializada em retratar histórias de esperança e fé. Ela viaja pelo mundo, compartilhando sua visão única por meio das lentes da sua câmera. Para Sofia, a verdadeira autodescoberta veio quando ela reconheceu que o propósito maior de sua vida era revelar a grandeza de Deus através de suas fotografias, capturando momentos que mostram Sua graça, bondade e amor.

Receber vida através da Palavra é um processo contínuo de crescimento, aprendizagem e transformação. A Bíblia nos dá exemplos poderosos de fé, ação e perseverança que podemos aplicar em nossas vidas diárias. Minha jornada é uma prova viva de que, com Deus, todos os desafios podem ser superados, todos os sonhos podem ser realizados e cada passo nos aproxima mais do propósito que Ele preparou para nós, até porque, Deus é especialista em escolher pessoas improváveis para realizar feitos grandiosos.

Que este capítulo seja um convite para buscar em Deus a força e a sabedoria necessárias para enfrentar os desafios e explorar a jornada da autodescoberta. Equilibre sua vida, impacte positivamente sua comunidade e viva o propósito divino com fé e perseverança. Lembre-se sempre: Deus está ao seu lado, guiando seus passos e preparando um caminho de vitórias.

"Com fé e ação, superamos desafios, encontramos propósito e vivemos a plenitude que Deus preparou para nossas vidas."

CAMALLA SALES

CÁSSIA LEÃO SOMA

Eu me chamo Cássia Leão Soma, sou natural de Imperatriz/MA e resido no Japão desde o ano de 2000 com minha amada família: meus filhos, Kenson e Victória.

Sou ministra da palavra de Deus. Dedico este capítulo com amor a meus pais, que já dormem no Senhor, que se permitiram ser instrumentos de Deus para me gerar, ensinar, educar e me instruir em toda a verdade da palavra de Deus.

Sou prova viva de que os planos e propósitos de Deus em nossas vidas são muito mais altos que pensamos, e aqui estou eu, no Japão, cumprindo o ide do Senhor. Ele tem pensamentos de paz a nosso respeito, e não de mal, para nos dar o fim que Ele espera.

miurayuto1
cassia_embaixadora
kens0_n
svic_toria7
Cássia Embaixadora
aissak_jp@icloud.com

5 QUEM ÉS TU, Ó HOMEM, PARA QUESTIONAR O OLEIRO?

POR CÁSSIA LEÃO SOMA

Devemos nos permitir ser moldados por Deus para que possamos cumprir o seu propósito em nossas vidas. Muitas vezes, no processo de sermos moldados, somos empurrados a sair de nossa zona de conforto e aprofundar mais nossas raízes, relacionamentos com o Oleiro, porque o barro precisa ser moldado e remodelado para se tornar um vaso perfeito e, por muitas vezes, isso nos permite passar por experiências dolorosas para nos remodelar e nos tornar mais alinhados com Seu propósito.

Isso, algumas vezes, exige de nós um nível de entrega maior e um posicionamento para renunciar áreas de nossas vidas a que estamos habituados e acabamos criando uma zona de conforto, ao ponto de ficarmos paralisados completamente. Então, não podemos deixar que situações adversas tirem nosso maior alvo, pois ainda que desafiador e doloroso, é nesses momentos que Deus está nos moldando para que possamos atingir nosso verdadeiro potencial. O nosso Deus sempre está disposto a nos remodelar e a nos dar novas oportunidades para aprender, crescer e nos tornar melhores conforme Ele planejou.

Por muitas vezes, sentimo-nos tão desconfortáveis que até chega a doer, pelo fato de estarmos no auge de sofrimento em nossas vidas. Mas, se confiarmos no Oleiro, o dono da obra, entendemos que tudo está sendo determinado por Ele. E assim veremos o resultado do trabalho de Suas mãos.

A confiança no plano de Deus para nossas vidas irá nos fazer compreender mais ainda o Seu amor, e Seu belíssimo propósito para cada um de nós; e a nossa aceitação pela modelagem de Deus nos fará saber que Ele está nos transformando para sermos vasos de honra em Suas mãos, todos nós fomos criados por Deus com grande potencial. Assim como o barro pode tomar muitas formas diferentes, cada vida é única e tem um propósito específico.

Deus tem um plano para nossa vida e quer nos moldar segundo esse plano, mas, por vezes, nós não queremos ser o barro, e sim o Oleiro, queremos ter o controle sobre nossa vida, decidir a forma que ela vai tomar. Não queremos a interferência de Deus; achamos que conseguimos nos moldar sem nenhuma ajuda, seguindo nosso caminho. Mas, na verdade, nós somos barro. Até tentamos por diversas vezes, mas sem reconhecer que somos dependentes de Deus. Sem Deus, o dono da obra, não vamos conseguir ser moldados. E assim iremos sempre sendo uma massa de barro cujo potencial vai sendo desperdiçado, nós precisamos de Deus, porque quando há reconhecimento de nossas falhas e entregamos nossas vidas nas mãos do Oleiro, estamos dizendo para Deus: "Eu preciso que o Senhor molde minha vida toda". É preciso humildade para admitir que somos barro e confiarmos no movimento das mãos do Oleiro em nossas vidas e assim o Oleiro terá liberdade para nos moldar conforme sua vontade e propósitos.

Mas a mudança não acontecerá toda de um dia para o outro, porque, quando nós, o barro, permitimo-nos ser moldados e deixamo-nos totalmente à disposição do Oleiro, ao longo do tempo de nossa vida, Deus vai nos dando forma de um vaso que soube passar pelos processos, e vai nos aperfeiçoando em cada detalhe de Sua obra em nós, porque quando estamos nas mãos de Deus temos segurança.

Por isso, não devemos nos sentir sem valor, Deus nos chamou, nos escolheu, antes mesmo da fundação do mundo. Quando Deus criou o mundo, todas as etapas da obra criadora aconteceram mediante uma ordem verbal do Senhor. Disse Deus: "Haja luz!" e houve luz. Entretanto, na criação do homem, Deus usou um artifício diferente: tomou do pó da terra fez o homem segundo a Sua imagem e semelhança e soprou em suas narinas o fôlego de vida (Gênesis 2:7). Havia um propósito nesta atitude do Criador: mostrar o cuidado especial que Ele, Deus, teve na criação do homem, mostrar sua fragilidade (Eclesiastes 3:20) e hoje a obra tem alcançado a revelação dessa matéria-prima de barro como sendo do tipo homem.

Quando o Oleiro vai fazer uma peça, um vaso, ele escolhe o tipo de barro que Ele vai utilizar de acordo com a peça que Ele vai fazer, ou seja, já existe um projeto definido para o barro antes de ele ser extraído do solo. Isso nos fala do homem, pois quando o Senhor O chama, quando O escolhe para O servir, já existe um projeto definido de Deus para sua vida, desde o ventre de sua mãe (Salmos 22:10). Vemos que existem vários lugares onde o barro é bom e de fácil manuseio e muito mais fácil de ser extraído, isso nos diz a respeito de pessoas que já têm em seus corações o desejo de conhecer o Senhor e de ter uma experiência com Deus vivo; mesmo quando ainda estão neste mundo são pessoas que, no primeiro encontro com o Senhor, já se definem pela Sua obra, convertem-se na primeira experiência, algumas até vivem em busca de encontrar o caminho, porque ainda não tiveram verdadeiro encontro com Deus. Quando nós, o barro, estamos distantes, sem compromisso com Deus, que representa a água. É necessário um trabalho maior para extração do barro e, assim, longe do oleiro, o barro fica duro e é necessário se aproximar dEle, voltar ao lugar de oração, humilhação e arrependimento. E, assim, o barro ficará mais mole e maleável ao molde. Assim são algumas pessoas que demoram para se converter e, por muitas vezes, ficam orando, lutando para que familiares seus se convertam. Trata-se de barro duro e ressecado, mas há um projeto também para estes. Embora demore mais a promessa do Senhor, a nossa casa também será salva (Atos 16:31).

Nossa ação diante dessas pessoas familiares é levar sempre a água até elas, por meio do testemunho da presença do Espírito Santo em nossas vidas. É exatamente o de promover uma transformação em sua vida dando a Ele uma instrumentalidade em Sua obra. Uma vez limpo e preparado para modelagem, o servo não mais possui os hábitos que tinha antes. O Oleiro quer nos moldar exatamente como Ele quer e nós, o barro, precisamos permitir nos alinharmos ao molde que Deus, o Oleiro, que já tem determinado para cada um de nós.

Como é que devemos fazer para que esse molde do Senhor seja aperfeiçoado em nós? Deixando Ele, Oleiro, tirar as impurezas, como: religiosidade, modismo, podridão que o mundo vive, costumes, orgulho, fofocas, espírito de competição, ódio, rancor, tudo isso precisa ser retirado para que o barro esteja em condição de ser trabalhado. O barro é escolhido e retirado para uma utilidade, assim como Deus fez o homem do pó, Ele o fez para sua adoração. A partir dessa etapa de todo o trabalho realizado, o barro ou vaso, se já estiver moldado, é levado ao sol para secar e depois é levado novamente para próxima etapa, sendo que o sol precisa ser mais brando no início e vai aumentando a intensidade conforme o barro suporta. Ao amassar o barro com os pés, nesse ponto o Oleiro retira as impurezas mais grosseiras como coisas que não agradam ao Senhor.

O próprio Senhor começa a delinear e apresentar ao homem o caminho, Jesus Cristo, e assim nós, o barro, começamos a perceber por meio do contato com o Espírito Santo coisas que fazemos que não agradam ao Senhor. Depois disso, vemos que a luz entra no nosso coração e começa a expulsar as trevas. Em seguida, o barro é elevado à mesa e o Oleiro vai então realizar um trabalho minucioso com as mãos: Ele começa a esticar bem o barro, que são os desafios, quando enfrentamos situações adversas, esfriamento, falta de confiança, incredulidade etc., porque assim Ele, o Oleiro, faz com que as pequenas impurezas apareçam e, pela sensibilidade de Suas mãos, possam ser identificadas e retiradas.

Muitas vezes, existem pequenas coisas na vida do homem que precisam ser retiradas, mas você ainda não alcançou o entendimento e, em todas essas etapas do trabalho do Oleiro com o barro, é imprescindível a presença da água, que simboliza o Espírito Santo. Para que o barro possa ser trabalhado e haja plasticidade, ou seja, ele possa ser mudado de local sem se quebrar, o barro, como o homem na presença do Senhor, precisa estar sempre úmido, com suas lamparinas cheias de azeite, ou seja, cheias do Espírito Santo.

Uma vez que nós, o barro, somos passados pelo primeiro processo de purificação, somos levados ao forno, que é uma peça formada por dois discos. Nesse momento, o Oleiro, com os pés, produz o movimento de toda a peça, fazendo com que ela gire; logo em seguida, pega o barro para ser moldado. Para começar o trabalho, Ele precisa de água e nós, sendo barro, muitas vezes estamos endurecidos e isso impede Deus de trabalhar em nós. Nesse processo, precisamos nos quebrantar na presença do Senhor Jesus para que o barro amoleça e se torne maleável ao movimento que Deus vai fazer. É por isso que nós precisamos estar em comunhão com o Espírito Santo, que representa a água, e só Ele poderá nos fazer entender que somos dependentes de Deus. E aí, em todos esses processos que estamos vivendo de transformação, Deus pode encontrar impurezas.

Devemos nos permitir ser moldados por Deus para que possamos cumprir o Seu propósito em nossas vidas. Então, não podemos deixar que situações adversas tirem nosso maior alvo, pois por mais desafiadoras e dolorosas que elas sejam, são nesses momentos que Deus está nos moldando para que possamos atingir nosso verdadeiro propósito. O nosso Deus sempre está disposto a nos remodelar e nos dar novas oportunidades para aprender, crescer e nos tornar melhores, conforme Ele planejou.

Por muitas vezes, nos sentimos desconfortáveis que até chega a doer, pelo fato de estarmos no auge de sofrimento em nossas vidas. Mas, se confiarmos no Oleiro, o dono da obra, entenderemos que tudo está sendo determinado por Ele e assim veremos o resultado final do trabalho de Suas mãos.

Querer entender o que o Oleiro está fazendo é falta de confiança do propósito dEle. Quem decide a forma do vaso é Ele. Por muitas vezes nós nos apegamos a coisas, a pessoas, a dificuldades, mas como barro na mão do Oleiro precisamos nos desprender de tudo isso. Se não houver de nossa parte uma ação de querer sair desse lugar de depender emocionalmente de coisas e pessoas, acontecerá o seguinte: o vaso se quebrará novamente, porque só assim iremos nos desfazer de tudo isso. O barro precisa ser dependente de Deus.

"Em qual parte do processo você se encontra agora? Saiba que o Oleiro sabe exatamente como terminará Sua obra."

CÁSSIA LEÃO SOMA

MISSIONÁRIA CINTHYA LIMA

Sou Cinthya Lima, natural de Vitória de Santo Antão, no interior de Recife/ /PE e resido em Nova Odessa/SP. Tenho 36 anos, filha de Dona Rosa, uma mãe maravilhosa, casada com Bruno Lima, mãe do Ruan e do Cauã.

Serva, missionária avivalista, assembleiana, empreendedora e escritora, apaixonada pela Sua palavra. Mas foi Jesus que me amou primeiro. Ele me escolheu desde o ventre, não era para eu estar aqui, fui gerada diante de dor, uma gravidez não desejada, mas por um propósito maior Deus permitiu que eu viesse ao mundo.

Posso lhe falar de dores, rejeição, abuso, adversidades, vales de morte e perseguição. Mas quero falar de Jesus e Sua poderosa Palavra, que gerou vida em mim, restaurou, curou, levantou-me para que vidas fossem alcançadas também.

Cinthya Lima

misscinthyalima_oficial

RECEBENDO **VIDA**
ATRAVÉS DA PALAVRA
VOLUME 2

6 UM OLHAR DE MISERICÓRDIA: ENCURVADA NUNCA MAIS

POR MISSIONÁRIA CINTHYA LIMA

O texto sobre o qual iremos meditar encontra-se no Evangelho de Lucas 13:10-17:

> 10 E ensinava no sábado, numa das sinagogas.
>
> 11 E eis que estava ali uma mulher que tinha um espírito de enfermidade, havia já dezoito anos; e andava curvada, e não podia de modo algum endireitar-se.
>
> 12 E, vendo-a Jesus, chamou-a a si, e disse-lhe: Mulher, estás livre da tua enfermidade.
>
> 13 E pôs as mãos sobre ela, e logo se endireitou, e glorificava a Deus.
>
> 14 E, tomando a palavra o príncipe da sinagoga, indignado porque Jesus curava no sábado, disse à multidão: Seis dias há em que é mister trabalhar; nestes, pois, vinde para serdes curados, e não no dia de sábado.
>
> 15 Respondeu-lhe, porém, o Senhor, e disse: Hipócrita, no sábado não desprende da manjedoura cada um de vós o seu boi, ou jumento, e não o leva a beber?
>
> 16 E não convinha soltar desta prisão, no dia de sábado, esta filha de Abraão, a qual há dezoito anos Satanás tinha presa?
>
> 17 E, dizendo ele isto, todos os seus adversários ficaram envergonhados, e todo o povo se alegrava por todas as coisas gloriosas que eram feitas por ele.

Jesus em seu olhar de misericórdia foi capaz de enxergar além de uma deficiência física, olhou para aquela mulher de dentro para fora. Havia uma cadeia espiritual que prendia a vida daquela mulher.

Era sábado e o dia não estava propício para cura, mas Jesus quis assim mesmo libertá-la daquela cadeia espiritual, Sua palavra trouxe cura para ela.

Uma mulher que carregava dores físicas diante da sua encurvadura, e de modo algum podia endireitar-se, havia uma grande dificuldade para que ela pudesse estar naquele culto. Mas ela estava adorando a Deus, mesmo que não soubesse estar carregando consigo um fardo que não era seu, um espírito de enfermidade.

Jesus marcou um encontro com ela, para que ela recebesse vida por meio da Palavra. Deus o(a) trouxe aqui e manda lhe dizer que irá curar você das dores que só têm o(a) levado para baixo. Ele vai levantar você. Uma mulher que de modo algum podia endireitar-se, mas Jesus a endireitou. Qual é o seu problema, ou melhor, qual o problema que Jesus não possa resolver? "E vendo-a Jesus, chamou-a a si e disse: 'Mulher, tu estás livres da tua enfermidade'" (Lucas 13:12).

Um Deus de relacionamento, que fala conosco, vê além do que o outro possa ver, seu olhar de misericórdia viu aquela mulher e não iria deixá-la da mesma forma que a encontrou. Sua vida jamais seria a mesma, Jesus a chamou para perto. Liberou uma palavra, trazendo libertação para a vida dela, não se limitando diante da situação, e sim cumprindo o seu propósito. Jesus, o Filho de Deus, veio justamente para destruir as obras do diabo. Suas mãos continuam estendidas. Eu sou a prova viva disto. Fui gerada por meio de dores diante de uma gestação não desejada. Mas diante do propósito eu estou aqui, recebendo vida por meio da Palavra. E mesmo quando a medicina me dizia não, Jesus encontrou-me com o Seu amor e misericórdia. Não era para eu estar aqui, mas Jesus me levantou. Ele levantará você.

O que tem aprisionado você são a dor, o medo, os traumas, a ansiedade, as dúvidas, a insegurança, os vícios, a depressão. Qual é o mal que tem ganhado legalidade, inconsequentemente, sobre sua vida, encurvando você? Para receber a cura, precisamos identificar o problema, deixe Jesus trabalhar em você, Ele é o remédio na dosagem certa, Sua Palavra nos liberta, cura e restaura.

Quanto mais perto estamos dEle, mais recebemos de sua unção, a fim de nos libertarmos de todo o mal. Convido-o a girar a chave da sua vida e, qualquer que seja a barreira de impedimento que estiver diante de você impedindo que seu milagre aconteça, declare: "Já caiu por terra, em nome de Jesus! Amém". Você é livre, pois, se o filho de Deus vos libertar, verdadeiramente sereis livre. E qualquer que for a origem, física ou espiritual do seu problema, em nome de Jesus, eu declaro vitória sobre sua vida, pois é pertinho dEle que o milagre acontece.

"Aproximou-se de Jesus". Um Deus de relacionamento, que nos quer sempre pertinho dEle. Dificuldades sempre irão surgir diante da nossa caminhada, mas você precisa romper, confiar e adorar mesmo que não entendendo, é adorando que a vitória vem. Que possamos aprender com essa mulher, a qual, mesmo enfrentando todo problema de época, religião, peso, julgamento, preconceito, estava no ambiente propício para receber o milagre. Uma palavra e cadeias foram quebradas, ao Jesus tocar com Suas mãos nela, ela se endireitou. Um milagre lindo aconteceu no meio da congregação.

Mas os príncipes da sinagoga, indignados porque Jesus curava no sábado, tomaram a palavra e quiseram jogar um balde de água fria na manifestação da graça de Deus sobre a vida daquela mulher. Entenda, nem todo mundo fica feliz quando recebemos da graça do Pai. Mas continue adorando. Ela e toda a congregação glorificavam a Deus por todas as coisas maravilhosas que eram feitas por Ele. E todos os seus adversários foram envergonhados, Jesus cura no sábado, domingo, segunda, não há limitações para o Seu poder.

Sua glória e unção podem o visitar aí agora, onde quer que você esteja, e em qualquer que for a situação em que se encontre, Jesus vai mudar a história da sua vida. Ele não faz nada pela metade, Sua obra é mesmo completa em nossas vidas. Não inverte valores, é o seu advogado de defesa e fiel amigo de todas as horas. A mulher não precisou falar nada, Jesus a defendeu diante dos seus adversários. Jesus também falará por você.

Essa mulher era vista pelos homens e conhecida pela sua encurvadura. Mas Jesus a conhecia pelo propósito, uma aliança feita ao nosso pai Abraão, bendita será a sua dependência. Você é bendito, e abençoado. Crença, rito ou até mesmo maldição ditos ao seu respeito não ficarão sobre sua vida. Jesus o viu, o tocou, curou, e o levantou para encerrar ciclos de dores, onde foi dor, restarão apenas cicatrizes para o servir por sinal da bondade e manifestação da glória de Deus. Receba restauração em nome de Jesus, sua história vai mudar. Assim como a minha mudou, quando recebi vida por intermédio de Sua palavra.

Fui gerada por um propósito, mesmo quando a medicina dizia-me não, Jesus encontrou-me com o seu amor e misericórdia. Não era para eu estar aqui, mas Jesus levantou-me. Passei provações, dores, medos, abusos, traições, perdas, calúnias, difamação, relacionamento abusivo, laços de morte foram quebrados, sobrevivi a enfermidades de morte. Sua palavra alcançou-me. E por meio da sua Palavra, Ele me curou de todas as minhas enfermidades. E sou um milagre. Você é um milagre.

Ele é um Deus que o gerou debaixo de uma promessa, estabelecendo assim um propósito para sua existência, conhecendo suas limitações, dores e medos e, mesmo assim, quer curar você, libertá-lo de todo mal que o encurva. Ele sabe da sua origem e sua situação atual não anulará o destino que está reservado para você. Gire essa chave em sua vida, liberte-se da dor pela qual passou. Afinal, gerar testemunho dói, mas faz parte do processo de crescimento. Não é destruição, é construção.

Dezoito anos encurvada, precisando de uma visão, uma palavra, um direcionamento. E por mais que pareça que você nasceu para sofrer, ou que não haverá mudança na sua vida, estou aqui para lhe lembrar: Jesus viu você, que mesmo sem forças decidiu continuar, às vezes querendo parar, continuou O adorando. E, por causa disso, Jesus me trouxe aqui para dizer: és escolhido, filho(a) de Abraão, você carrega uma aliança, a qual não será quebrada, acredite, o seu milagre está sendo gerado. Declaro, em nome de Jesus, que você está livre para viver tudo que o Céu tem reservado pra você. Vai fluir, vai avançar, vai crescer. Acredite, hoje pode ser o dia em que Jesus marcou esse encontro com você, para liberar a chave que você precisa, a fim de encerrar ciclos de dores na sua história. Que sua fé possa ser renovada em Deus.

Essa Palavra fala comigo no tocante da minha alma. O amor de Deus para conosco chega a me constranger, principalmente quando Jesus defende aquela mulher. "Hipócritas, no dia de sábado, não desprendem da manjedoura seu jumento e não o levam para beber. E não me convinha soltar no dia de sábado essa filha de Abraão, a qual satanás teve presa por dezoito anos?". Que situação delicada, carregando sobre suas costas, por muito tempo um fardo que não era seu. De um lado os adversários, do outro o povo adorando e glorificando a Deus por todas as coisas maravilhosas que eram feitas por Ele. Prepare-se para glorificar a Deus. Tenha uma vida embasada na palavra de Deus, palavra essa que gera vida em nós, de dentro para fora. Uma fonte inesgotável.

Há uma promessa sobre sua vida, em nome de Jesus, receba ânimo e vida. Não se limite diante do processo da cura, é desconfortável, dolorido, às vezes até sangra e nos traz dúvidas, mas é necessário. Tenho uma frase que carrego sempre comigo. "Não é sobre entendermos e sim confiarmos". Você não chegou até aqui para continuar com essa ferida aberta. Jesus é a cura para suas emoções, Jesus é a cura, Sua palavra é viva e eficaz. Você não é movido pelo elogio nem paralisado pelas críticas.

Você é movido pelo propósito. Portanto, não se limite diante das adversidades que o cercam. Escolha estar perto dEle, porque só estando pertinho dEle e ouvindo Sua palavra, sentindo o toque de Suas mãos, só assim você receberá a cura de que tanto precisa e sua vida nunca mais será a mesma. Ele mesmo testificará por você. O preço já foi pago na cruz do calvário e o preço foi pago de sangue, por remissão dos nossos pecados. Deus o levantou para permanecer de pé.

Posso orar por você?

"Pai, em nome de Jesus, eu Te peço, liberta-nos de tudo que não provém de Ti, Senhor Jesus, liberta a nossa mente, leva-nos com leveza diante das dificuldades, trazendo força e equilíbrio para nossas emoções, faz-nos entender os Teus caminhos e Tua vontade. Ajuda-nos, Senhor, diante dos nossos adversários, confunde-os diante nós, glorificaremos o Seu Santo nome, para todo sempre, amém!".

Ele ergue do pó o desvalido e do monturo, o necessitado, para o assentar ao lado dos príncipes, sim, com os príncipes do seu povo. Faz que a mulher estéril viva em família e seja alegre mãe de filhos. Aleluia! Deus o abençoe.

“Agradeço pelas vezes em que fui ao fim do poço, para me esvair de mim mesma, e vi a Sua mão simplesmente me levantar e mudar a minha história.”

MISSIONÁRIA CINTHYA LIMA

CRISTIANE CIRIACO

Casada com César Ciriaco e mãe de Julia e Rodrigo, pastora e líder, juntamente ao marido, na Comunidade Nas Mãos de Deus (NMD), na Vila Formosa, em São Paulo/SP. Formada em Teologia, ministra do Evangelho, escritora, mentora e líder de mulheres, idealizadora do movimento Moving, capacitando e direcionando mulheres para sua missão pessoal, já alcançou dezenas de mulheres por meio de conferências, mentorias, seminários e discipulados.

cristianesrciriaco

comunidadenmd

cristianesrciriaco@gmail.com

RECEBENDO **VIDA**
ATRAVÉS DA PALAVRA
VOLUME 2

7 A FORÇA QUE NOS MOVE

POR CRISTIANE CIRIACO

Um movimento das placas tectônicas pode causar grandes alterações, inclusive geográficas; um terremoto pode se formar e até ativar ondas, causando um *tsunami*. As placas tectônicas são grandes estruturas formadas pela crosta terrestre que se movimentam mediante forças internas do planeta. Essas placas movimentam-se **constantemente**, embora não percebido muitas vezes.

Quando penso sobre isso, entendo que tudo que tem vida, matéria e energia, luz e som, se movimenta. Sabendo disso, temos a consciência de que o nosso corpo está continuamente se movimentando no ritmo de nossos batimentos cardíacos e nossa respiração. Não somos matéria inanimada, estática, inerte, **temos vida**, e mais do que isso, somos um espírito, temos uma alma e habitamos em um corpo. **Somos um espírito!**

Quando olhamos para a Bíblia, logo em Gênesis 1, Deus apresenta-se como **Espírito que se move**, paira sobre a face das águas (abismo): "E a terra estava sem forma e vazia, e as trevas estavam sobre a face do abismo, e o Espírito de Deus se movia sobre a face das águas" (Gênesis 1:2).

A palavra **movia** aqui vem do hebraico *merachefet* ("vibrar" ou "oscilar"). O Espírito vibrante de Deus pairava sobre aquela matéria, sobre trevas e abismo, trazendo ordem ao caos, e luz onde havia trevas.

A raiz dessa palavra aparece apenas três vezes em toda a Bíblia.

1ª vez: aparece em Gênesis 1:2, que nós já lemos.

2ª vez: aparece em Deuteronômio 32:11: "Como a águia desperta a sua ninhada, **move-se** sobre os seus filhos, estende as suas asas, toma-os, e os leva sobre as suas asas". Olhe que interessante, nesse versículo é similar a um pássaro cuidando de seus filhotes. O objetivo de um pássaro sobre o ninho é fornecer calor e carinho aos filhotes. Assim, o versículo também contém a ideia de o pássaro cobrir seus filhotes com suas asas, envolvendo-os para trazê-los à maturidade. Parece que, nesse ponto, Deus começou a energizar a matéria-prima que criou no versículo 1. A oscilação na face (ou superfície) das profundezas, que é realmente a comparação com o pairar, criou o movimento inerte dos elementos. É interessante que toda a matéria e energia em seu interior sejam simplesmente comparadas às ondas.

3ª vez: aparece em Jeremias 23:9: "Quanto aos profetas, já o meu coração está quebrantado dentro de mim; todos os meus ossos **estremecem**; sou como um homem embriagado, e como um homem vencido de vinho, por causa do Senhor, e por causa das suas santas palavras". Nesse caso, podemos ter a interpretação de estremecimento. Exatamente, como se movendo dentro de um núcleo/centro.

Apenas três vezes essa palavra é usada. Por definição, segundo o dicionário Dicionário Bíblico J. Strong (Bible..., [2024]), temos as seguintes características etimológicas: **chocar, estar relaxado, mover-se, pairar, estremecer**.

Agora vamos voltar a falar de nós, seres chamados de coroa da criação de Deus, amigos, eleitos, coerdeiros, e filhos, e sendo filhos, temos que ser semelhantes a Ele: "Sede, pois, imitadores de Deus, como filhos amados" (Efésios 5:1).

Falando do físico, quando não há movimento, seu corpo atrofia, enche de feridas, os membros param de funcionar. Quando não há movimento surge a rigidez e as limitações ficam evidentes.

Quando eu tinha 14 anos, sofri uma lesão grave no joelho jogando vôlei, usei gesso na perna toda até o tornozelo, uma recuperação lenta e dolorosa. Após a remoção do gesso, vi minha perna fina e atrofiada. Começava ali um processo de reabilitação. Passei por tratamento de infiltração para remoção do líquido no joelho, foram longos meses imobilizada e muitas dores. Após me recuperar da lesão, desenvolvi um problema no menisco. Foram incontáveis vezes que precisei sair carregada no meio de cultos ou lugares em que eu estava, meu joelho travava e eu não conseguia movê-lo (aqui eu já tinha 24 anos), ou seja, dez anos depois de uma lesão e eu ainda sofria com sequelas.

Os traumas da vida também nos paralisam, sentimos dores, e por um tempo permanecemos imóveis. Isso, a longo prazo, vai nos atrofiando e limitando.

Observe sua vida agora, sua história, traumas e dores, causadas por você mesmo ou por alguém, por escolhas, palavras ditas, decisões tomadas precocemente. Pense o quanto isso o tem paralisado. Mas há um Deus que o chamou e diz para você: **Seja semelhante a mim**, saiba que não o chamei para ficar parado, mas para mover-se (independente da dor, do caos).

Eis aqui a diferença daquele que carrega o Espírito de Deus dentro de si. Espírito que no grego traduz por "pneuma", que quer dizer vento: É o ar em movimento, é a vida de Deus em você! E esse vento sopra levando coisas e trazendo outras, essas são as estações da vida, onde existe **velocidade e direção constante**.

Qual força o domina? O Senhor nos concedeu a Sua força, o Seu poder.

"Pois Deus não nos deu um Espírito que produz temor e covardia, mas sim que nos dá poder, amor e autocontrole" (2 Timóteo 2:7).

Uma vez li um testemunho de um jovem chamado Lucas, que tinha uma sentença de viver pouco mais de dois anos. Usava uma bengala e uma enorme atadura em volta do seu pescoço. Devido a um grave acidente, sua canela e bacia eram artificiais, ele perdeu metade do seu pulmão e andava com muita dificuldade.

Após uma cirurgia, ficou com uma perna 2 cm mais curta que a outra. Mas um dia, em uma festa, o pastor que estava no local, juntamente com outros irmãos, foram impulsionados a orar por ele. E, após a oração, algo começou a se mover no ambiente, era a manifestação da glória de Deus, e o milagre aconteceu! Os 2 cm foram acrescentados na sua perna e toda a dor foi embora naquele momento. Ele movia sua perna como nunca.

E ao ser perguntado sobre a atadura em volta do seu pescoço, disse que era um câncer e as ataduras serviam para sustentar seu pescoço, pois havia perdido a musculatura. Em um constante clamor de intercessão entre eles, um médico segurou a cabeça daquele jovem e, de repente, começou a ordenar que novos músculos crescessem, chamando cada músculo pelo nome científico e em latim, todos ficaram perplexos de ver a sua autoridade. Quando terminou a oração, aquele rapaz começou a movimentar sua cabeça, ele estava totalmente restaurado de seus movimentos!

Lucas passou a servir Jesus, arrumou um emprego depois de 17 anos, seguiu servindo sua família e comunidade.

O quanto estamos usando palavras de ordem para gerar vida e trazer de volta o movimento do que está paralisado? **Existe vida nas nossas palavras!**

Na história do paralítico de Betesda, em João, capítulo 5, vemos um homem paralítico há 38 anos. Provavelmente, já conformado com aquela situação, doente e estagnado. Jesus lhe perguntou se queria ser curado, mas o paralítico começou a lamentar sua situação. Se enxergava como uma vítima.

Quantas vezes nós também estamos assim, paralisados emocional, profissional e até espiritualmente, lamentando não receber ajuda de ninguém e até querendo terceirizar o motivo dos nossos sofrimentos. Mas Jesus não queria ouvir histórias tristes, a pergunta foi direta: "Você quer ser curado?".

Se você se enxerga como esse paralítico, talvez seu passado esteja presente demais na sua vida a ponto de preferir as desculpas, pelo medo de se mover e se machucar de novo. Jesus só está perguntando: Você quer? Não importa como chegou a essa situação, você quer sair?

O milagre veio por meio das palavras de Jesus e não da água do tanque.

Convido-o a orar comigo agora dizendo: Jesus, que as suas palavras sejam para mim a força de que preciso para prosseguir, seja o vento que me impulsiona, o fôlego de vida para me manter de pé, e não apenas para me levantar de uma paralisia, mas para cumprir uma missão única a que o Senhor me confiou. Perdoe-me pelo tempo de estagnação. Entendo que o Senhor já me deu um Espírito de força e poder e nada mais pode me parar. Viverei para contemplar a Tua bondade e fidelidade. Obrigada por mais essa oportunidade, e por não desistir de mim, amém!

O Espírito vibrante de Deus está sobre nós.

Estar em movimento significa fluir e não funcionar. Você não é uma máquina! Uma máquina só funciona. E é isso que acontece com muitas pessoas, só estão funcionando: no trabalho, no casamento, no ministério...

Paramos de fluir e nos contentamos em funcionar, caímos na ilusão do: eu sei fazer, sei tocar, cantar, organizar, servir, cuidar, providenciar, consertar, socializar...

Mas toda máquina um dia corrompe, desgasta, cansa, consome energia. Não renova, fica vencida, e logo... vira um museu. Torna-se só uma lembrança do que um dia foi.

Você não é uma máquina para funcionar, você tem que fluir. Quem flui tem vida.

Hoje tenho 42 anos e uma linda família, com marido e dois filhos, e sou grata a Deus por tudo. Escolho melhorar como esposa, mãe, filha, amiga e serva, ainda que falhe algumas vezes, mas permaneço em movimento, avançando. Recebi uma missão em 2019 de mover mulheres para seu chamado, um movimento chamado Moving, e se Deus permitir, no meu próximo livro vou testemunhar e compartilhar com vocês essa jornada com lindas histórias de superação e milagre.

Sigo crendo todos os dias que Ele é a minha força e me garante um futuro glorioso. Faça o mesmo.

"Veste-se de força e dignidade, e ri sem medo do futuro." (Provérbios 31:25)

Tudo está se movendo nesse exato momento, faça o mesmo!

Referência

BIBLE Hub Online Parallel Bible. Glassport: Online Parallel Bible Project, [2024]. (Strong's Exhaustive Concordance). Disponível em: https://mail.biblehub.com/strongs.htm. Acesso em: 9 jul. 2024.

“O Espírito vibrante de Deus nos faz avançar a cada etapa e ciclo, essa é a força que nos move.”

CRISTIANE CIRIACO

MISSIONÁRIA CRISTINA LOPES

Eu me chamo Cristina Lopes Morais, sou mineira, resido em Extrema/ /MG, filha da D. Neusa, sou casada com Dario Morais, meu intercessor e incentivador. Sou mãe de três filhas lindas: Karol, Maria Clara e Lorena, meus motivos de nunca ter desistido.

Sou missionária itinerante, empresária, palestrante, mentora de mulheres, escritora e curso bacharelado em Teologia.

Mas também sou graduada no curso superior de desertos, pós-graduada em vales, doutora em superações, mestre em processos intensos, bacharel em ressignificar, cair e levantar, doutora em resiliência estratégica, especialista em recomeçar quando aos olhos humanos era impossível. Prazer! Você também pode me chamar de mulher memorável.

cris.lopesmorais

+55 (35) 91002-8543

Cristina Lopes

RECEBENDO **VIDA**
ATRAVÉS DA PALAVRA
VOLUME 2

8 HÁ ESPERANÇA PARA A ÁRVORE CORTADA

POR MISSIONÁRIA CRISTINA LOPES

Talvez neste momento você se sinta como uma árvore cortada, podada, sem folhas e sem frutos, apenas com alguns galhos secos; talvez você não se lembre da última vez que floresceu, frutificou e transbordou, pois tem processos pelos quais passamos, de tristezas e incertezas, em que a sensação é a de que nos foi arrancado até o tronco e as raízes, ao ponto de vivermos no automático, cumprindo protocolos, exercendo papéis, ajustando-se a uma agenda não alinhada com a de Deus para você, fazendo coisas que não lhe dão prazer, alegria, emoção, comparando-se com outras pessoas e por vezes não estando alinhado com a vontade de Deus; talvez, neste momento, lhe falte forças e incentivo para orar e se fortalecer em Deus, para acreditar que nem tudo está perdido, que ainda não é o fim, que Deus é especialista em surpresas, em reconstruir e dar vida onde não há vida. Então, convido-o a trazer neste momento à memória tudo aquilo que lhe dá esperança!

Por vezes, você se sente desamparado, cansado e exausto no meio da bagunça das suas emoções, devido a traumas, perdas, traições, escassez e incertezas, não sabemos exatamente para onde estamos indo... Há apenas um sentimento de só estar existindo, sem entender o seu real propósito. Um propósito ao qual o próprio Deus lhe confiou, de forma única.

Meus amados, demorei muito tempo para entender meu propósito, eu só o entendi após me ver e me sentir uma árvore cortada e destruída, pois de repente tudo que sonhei, planejei e conquistei com minha família eu vi sendo perdido, ceifado e arrancado de nós. Acreditem, há quase dois anos perdemos absolutamente tudo, até o garfo da gaveta, após sofrermos um grande golpe na venda de nossa empresa. O que para mim seria uma solução de problemas tornou-se o maior pesadelo de nossas vidas, ao ponto de dissipar todos os meus sonhos, de eu perder por um tempo minha identidade e isso me gerou uma quebra material, emocional e financeira irreparável. Eu era rodeada de pessoas, "amigos" que pareciam amar minha família e nos admiravam, mas depois entendi que era só porque eu era uma árvore frutífera e, uma vez que fui cortada, que não gerava mais frutos, a maioria abandonou-me, duvidou, invalidou-me e alguns me traíram.

Para mim era impossível eu florescer de novo em tamanho caos e traumas, e não só eu, mas minha família também, meu esposo e minhas filhas ficaram desolados. Não tinha ideia de como iria sair daquele lugar de rejeição, dívidas e acusações, de como eu iria recomeçar, não via saída, de como voltar a acreditar nas pessoas e as pessoas acreditarem em mim, pois não nos viam como vítimas do ocorrido também, assim muitos nos condenavam como culpados por todo o transtorno causado. Foi muito tempo chorando e gemendo de tristeza e revolta, fui tomada por um sentimento de fracasso e aflição na alma, para mim era impossível eu dar frutos ou florescer de novo.

Porém, eu decidi sair daquele lugar, daquela caverna, resgatar meus valores, e não permiti mais ser invalidada e nem descredibilizada por ninguém, eu me permiti ser cuidada por quem realmente me amava. Realinhei-me aos propósitos de Deus, posicionei-me, mesmo ainda ferida e exausta de todo o processo, mas eu decidi, eu escolhi florescer de novo, no mesmo lugar da minha humilhação, da minha poda, e sigo gerando novos frutos e rompendo em fé. Pode ser que você se identifique com este testemunho de superação, porque se eu consegui em Deus sair daquele lugar de dor, você também é capaz de sair!

Quando falamos em árvore cortada, sonhos ceifados, recomeços desafiadores e incertos, mudança geográfica, é impossível não vir Rute, a moabita, à memória, esta mulher que por vezes se viu sem direção, sem propósitos, viúva, sem estrutura familiar e financeira. Mas Rute faz uma escolha importante, que é seguir sua sogra Noemi, como nos diz o texto a seguir:

> Disse, porém, Rute: Não me instes para que te abandone, e deixe de seguir-te; porque aonde quer que tu fores irei eu, e onde quer que pousares, ali pousarei eu; o teu povo é o meu povo, o teu Deus é o meu Deus; Onde quer que morreres morrerei eu, e ali serei sepultada. Faça-me assim o Senhor, e outro tanto, se outra coisa que não seja a morte me separar de ti. (Rute 1:16-17)

A escolha de Rute a conduz para um futuro profético!

A todo tempo precisamos tomar decisões, não é mesmo? Porém, nesse texto, vamos ver que as duas noras de Noemi tomam decisões diferentes, as quais iriam definir seus destinos, sendo que Orfa decidiu permanecer com sua família, na sua terra (zona de conforto) e Rute decide partir com Noemi (sogra). Rute decide fazer uma aliança com Noemi, decide desbravar o novo, avançar, deixar o medo de lado e deixar em Moabe o que aconteceu em Moabe, os "traumas".

Talvez alguma "Rute", assim como eu, esteja lendo esse capítulo e pensando: "aos meus olhos, é meramente impossível essa área da minha vida florescer de novo", e eu já lhe digo que não é, pois a Palavra nos respalda dizendo no livro de Jó 14:7: "Porque há esperança para árvore que, se for cortada, ainda se renovará e não cessarão os seus renovos".

Aqui é uma promessa para mim e para você de que é possível florescer de novo, mesmo tudo parecendo impossível, mesmo que hoje a árvore cortada represente seu casamento, sua vida ministerial, saúde, familiar, financeira, profissional, espiritual e emocional, Deus não precisa de um cenário favorável ou de circunstâncias favoráveis para virar a chave e restituir você!

Calma, não é o fim, é apenas uma estação que vai passar!

Você já se atentou para a perfeição de Deus ao criar as quatro estações? Temos verão, outono, inverno e primavera, que duram aproximadamente três meses cada uma, e cada uma delas com suas particularidades e impactos, pois em tempos com calor excessivo, em outros um clima mais fresco, outros com frio e ventos intensos, e ainda há a estação que floresce como se não tivesse passado por tantos processos desafiadores. Assim, quantas vezes nos deparamos com uma árvore seca, sem folhas, porém, meses depois, passamos pela mesma árvore e mal a reconhecemos, pois ela está cheia de flores e frutos, exalando seu raro perfume com graça e magnitude do poder de Deus em fazer novas todas as coisas e nos impactamos em saber que aquela mesma árvore, tempos atrás, estava no mesmo lugar, porém desapercebida aos olhos de quem passava, pois geralmente só iremos atrair olhares de admiração e também bajuladores quando dermos frutos e florescermos!

Salmos 1:3: "Pois será como a árvore plantada junto a ribeiros de águas, a qual dá o seu fruto no seu tempo; as suas folhas não cairão, e tudo quanto fizer prosperará".

Ressalto que esse momento conflitante pelo qual você pode estar passando agora não é permanente, é apenas uma estação, e se você permanecer firme, nutrindo sua fé, você irá florescer!

Hebreus 11:6: "Sem fé é impossível agradar a Deus, pois quem dele se aproxima precisa crer que ele existe e que recompensa aqueles que o buscam".

Você já passou por tantas estações piores, vai desistir agora?

A palavra do Senhor também nos diz em Eclesiastes 3:1: "Tudo tem o seu tempo determinado, e há tempo para todo propósito debaixo do céu".

Por vezes, não sabemos esperar o tempo de Deus, confiar, descansar, não entendemos que, uma vez que os planos de Deus estiverem alinhados com os nossos, viveremos um tempo de paz, prosperidade e transbordo em todas as áreas de nossas vidas. Você precisa saber qual seu propósito neste lugar em que você está, nessa família, nesse trabalho, nesse relacionamento, nesse leito, nessa escola, nesse curso, nessa cidade, nesse país. O que o faz estar nesse lugar hoje? O que o move a vencer?

Há grandes surpresas reservadas para você!

O texto de Rute é um excelente exemplo de uma mulher que atravessou estações severas.

Por mais que você ache que não é mais a mesma pessoa devido a tantos processos, ou até mesmo se vê como uma árvore cortada, saiba que ainda há "raízes " em você, sonhos, valores e desejo em dar certo, vontade de ver seus sonhos realizados e, tudo no seu devido lugar, você só quer dar certo e dará certo, dependendo das suas escolhas.

Entenda, você está vivo, mova-se, perceba que a vida de Rute só ganha uma nova história a partir do momento em que ela faz uma "escolha", que foi deixar no passado o que aconteceu no passado. Então se desprenda agora das amarras que o mantém cativo no passado, seu presente é o agora, é neste momento, em que você está lendo este livro, então libere perdão, libere pessoas, lugares e lembranças que precisam "ficar em Moabe", que não fazem parte do seu presente, elas não podem mais aprisionar você. Saia desse lugar e acesse um novo ciclo, uma nova jornada e experimente viver a vontade de Deus para você, em obediência e constância. Não se lance em absolutamente nada que Deus não lhe respalde ou não lhe direcione, pois a vontade dEle para sua vida é boa, perfeita e agradável!

Deus irá se responsabilizar por você e por tudo que você está fazendo que começou nEle, que partiu dEle, ou seja, você precisa tomar decisões respaldadas em Deus; então pare, ore, ouça, obedeça e avance!

As árvores nos lembram de que a vida é muito maior que os nossos momentos!

Quero convidá-lo a fazer uma breve reflexão sobre você neste momento: em qual estação você está? E como está sendo?

Estou o provocando a se lembrar de o quanto você é forte, meu amado, de o quanto você é incrível, de quantos leões você já se livrou e pela graça e misericórdia de Deus você saiu ileso, sem danos relevantes. Olhe para sua trajetória, não invalide suas boas e más experiências, absolutamente todas elas foram cruciais para você ser essa pessoa incrível, forte e admirável que é hoje. Todas essas estações desafiadoras vão passar, você vai florescer de novo, aperte o cinto, pois há uma jornada linda preparada para você desbravar e florescer nesta nova estação. Desfrute!

"Calma, não é o fim! É apenas uma estação que vai passar e você vai florescer de novo."

MISSIONÁRIA CRISTINA LOPES

PASTORA ELIZABETH RAMOS

Olá! Sou Elizabeth Ramos Batista Soares, nasci na cidade de Francisco Santos/PI, sou residente da cidade de Imperatriz/MA. Casada há dezessete anos com o pastor Lucas Americano, somos pais de Pedro Lucas e Enzo.

Psicóloga, pastora, diretora da Escola Integral para Formação de Libertadores (EIFOL), em Imperatriz/MA, e da Clínica da Alma, também em Imperatriz/MA.

No presente, eu e meu esposo pastoreamos a Igreja Nova Aliança Ágape. Dedicados ao pastoreado há mais de sete anos e atuantes no ministério de libertação, acreditamos na mudança que vem pelo poder do nome de Jesus.

Minha caminhada cristã começou em 2009, quando tive um encontro profundo com Jesus. Desde então, venho trabalhando com as ferramentas que Ele me deu, crendo sempre que existe um propósito para cada pessoa vindo da parte de Deus.

pra.eliza

RECEBENDO **VIDA**
ATRAVÉS DA **PALAVRA**
VOLUME 2

9 CATIVEIRO NÃO É LUGAR DE PERMANÊNCIA

POR PASTORA ELIZABETH RAMOS

O fato de não entendermos o nosso lugar na terra faz com que sejamos invadidos por um grande vazio existencial, criando crenças limitantes e que atrofiam nossos sonhos e paralisam nosso futuro. O pecado rouba muitas coisas de nós, mas a maior delas é a essência de quem somos com a certeza do que nascemos para ser, colocando cadeias que não vemos, mas que governam nossa vida, deixando-nos reféns de escolhas que inconscientemente e automaticamente fazemos, mantendo-nos, assim, aprisionados, frustrados e condenados.

Todos nós nascemos para o louvor da glória de Deus, para cumprirmos o propósito dEle. Em Jeremias 1:5, Deus fala: "Antes de formá-lo no ventre eu o escolhi, antes de você nascer eu o designei profeta às nações". Existe um destino escrito para cada pessoa que decide viver conforme a vontade de Deus, por isso, o maior investimento de satanás é para destruir projetos e planos de Deus em nossas vidas.

De todas as vidas que acreditei que teria, nenhuma delas é a que estou vivendo hoje, pois quando deixamos Deus na direção, sempre seremos surpreendidos com o destino.

Cheguei ao ano de 2009, alguém completamente frustrada e com uma única certeza: a de que algo me faltava. Por não entender o chamado de Deus na minha vida e seu propósito glorioso, afundava-me ainda mais em festas, bebidas e cigarros. O vício sempre será um grande aliado para o vazio existencial que nos enclausura, tornando nossa vida cativa, quando estamos em um lugar espiritual do qual não conseguimos sair, com sentimento de desânimo, incapazes e sem forças para mudar a condição em que estamos, acabamos vivendo em um cativeiro espiritual, cativeiro é um lugar onde se está preso no poder do inimigo pela força ou pelo destino da guerra. Nessa mesma época, senti a necessidade de sair da condição em que estava, porém a certeza que tinha era de que jamais conseguiria sozinha.

O maior recurso do Céu para libertar os cativos sempre serão pessoas que amam fazer a vontade de Deus, porque se há algo que existe em um cativeiro são guardiões (demônios) para garantir que você não saia do lugar de aprisionamento e, na tentativa de fugir da dor, acabei vivendo um ciclo de depreciação pessoal.

O grande encontro: Ele me vê!

Recebi o convite para um culto de milagres, o que eu não imaginava é que, naquele dia, o maior milagre aconteceria na minha vida. Quando fui encontrada por Jesus, estava em paralisia emocional e espiritual, confesso a vocês que aquele convite mexeu comigo, há tempos queria uma mudança, mas nesse dia tomei uma atitude e disse sim, só que não fazia ideia do significado que aquele sim representava em minha jornada.

Era uma tarde de quarta-feira, estava acompanhada de uma amiga muito amada, como sou grata a Deus por aquele dia! Ao chegarmos à igreja, meu corpo foi invadido por um tremor incontrolável, meu coração começou a queimar de tanto quebrantamento e não conseguia conter as lágrimas que durante todo o culto lavavam meu rosto, e então compreendi que era exatamente isso que me faltava, mas quando não conhecemos Jesus também não reconhecemos o tamanho de Seu poder. A minha mente estava cheia de limitações e fraquezas, nunca conseguiria sair do pecado, nunca conseguiria sair desse cativeiro de tristeza e solidão. Mesmo diante de todas as emoções vividas, não aceitei a Jesus, mas uma linda semente de convicção ficou dentro de mim e meu único desejo era viver uma vida com Jesus, "eu preciso disso", era o que eu pensava e, mesmo me sentindo indigna, essas convicções já haviam invadido meu coração. Ele estava lá e eu não podia mais fugir.

Na outra quarta-feira, novamente fui em busca de algo nunca vivido e naquele dia Ele me chamou. Uma profeta de Deus olhou-me e disse: "Filha, venha como você está, porque o que precisa ser transformado em sua vida, é Deus quem vai fazer". Conheci assim o Deus *Laai-Roí*, o Deus que é vivo e me vê. Escolhi então dizer sim para Jesus, mesmo estando assustada com o novo e com medo de não conseguir, entreguei-me completamente, pois já estava apaixonada demais, precisava permanecer nEle. Quando Jesus me chamou, Ele já sabia das minhas limitações e sabia que jamais encontraria em mim mesma, em minha força de vontade ou esforço próprio, a mudança necessária. Tudo que precisamos para sair de lugares de aprisionamento nós encontramos em Jesus de Nazaré, Ele é a chave! Em João 8:36, lemos: "Portanto, se o filho os libertar, vocês de fato serão livres". Jesus sempre espera uma resposta para nos levar ao próximo passo.

Jesus vai tirar de você muitas coisas, outras Ele vai deixar que você renuncie por amor a Ele. Renunciar quando se ama não é pesado, e por isso decidi renunciar o passado de pecado e vícios por amor a Jesus.

"Um dos que estavam ali era paralítico fazia trinto e oito anos. Quando o viu deitado e soube que ele vivia naquele estado durante tanto tempo, Jesus lhe perguntou: 'Você que ser curado?'". (João 5:5-6)

Quando olho para essa história, fico impactada com a maneira bonita de Jesus em ir a lugares improváveis e libertar pessoas aprisionadas. Ele chega naquele tanque conhecido como lugar da misericórdia, cuja misericórdia não há, porque só Ele dá às pessoas o verdadeiro sentido. Não importa há quanto tempo estamos paralisados ou à beira do caminho, com apenas uma palavra de Jesus essa condição é alterada. Ele entrou em um pavilhão lotado, olhou para o homem que estava ali há 38 anos, sabendo que ele estava nessa condição há muito tempo, então Ele fez uma proposta ao homem: "Você quer ser curado?".

Um convite para mudar de vida parece até uma pergunta óbvia, mas na verdade é muito mais profundo do que possamos imaginar, porque a realidade é que a vida só muda quando as escolhas mudam, a vida só muda quando eu mudo. Receber a cura, diferentemente do que muitos pensam, não é uma tarefa fácil, aquele homem era paralítico e foi deixado por alguém lá, a Bíblia não diz quem foi, mas, pensando assim, sabemos que ele tinha que enfrentar a dor de ter sido abandonado e rejeitado. Às vezes, estar em um lugar que você já ficou por tanto tempo é mais cômodo. Toda mudança exige esforço e quando somos curados a mudança é requisito obrigatório. Diferentemente de alguns de nós, aquele homem já não tinha um lugar para voltar, ele não tinha casa e nem família, ele mesmo disse: "Senhor, eu não tenho ninguém".

O milagre do recomeço

Não importa o quão difícil seja, recomeçar é necessário, é uma tarefa que exige responsabilidades e renúncias, é nessa etapa da vida que precisamos aprender a lidar com as tentações para sermos vitoriosos diante das lutas. Estar aliançados com Deus e Sua palavra nos fortalecerá para permanecermos fiéis em Cristo Jesus.

Quando decidi parar de fumar, precisei encontrar em Deus o sopro de vida para retirar de dentro de mim os restos de morte que controlavam a minha vontade. Decidi então fazer um propósito com Deus: todas as vezes que sentisse vontade de fumar iria ler a Bíblia. Quero relatar a vocês que a vontade era tão grande que antes de cinco meses já tinha lido a Bíblia inteira e por meio dela recebia vida para ser livre fazendo a vontade de Deus.

Senti então uma necessidade que foi gerada em mim, pelo Espírito Santo, de ser intercessora da minha família, crendo que eles iriam viver tudo que eu estava vivendo em Cristo Jesus. Levantava todas as madrugadas para orar e declarar que meu esposo um dia caminharia comigo e de forma profética ungia seus pés declarando que ele iria caminhar para Cristo.

Todos nós precisaremos ser provados para sermos aprovados, antes de Jesus cumprir seu ministério, ele foi tentado pelo diabo (Mateus 4:1).

Até então não sabia que tentações também gerariam lágrimas. Lembro-me de um dia estar em casa e fazer um jantar, quando terminamos de jantar, meu marido falou: "Amor, agora me deu vontade de fumar um cigarro", com esse relato, meu corpo estremeceu e aquele desejo explodiu dentro de mim. Na mesma hora, eu disse: "Não!", mas ele insistiu, levantou-se e foi pegar o cigarro. Imediatamente, lembrei do propósito feito ao Senhor, que todas as vezes que sentisse vontade de fumar iria ler a Bíblia, foi então que peguei minha Bíblia e sentei à mesa, meu esposo acendeu o cigarro e foi em direção a porta da cozinha. Esse dia foi o único em que a vontade de fumar não deixou que eu lesse a Palavra, ela era tão grande que comecei a chorar e a pensar que não poderia mais viver assim, meu esposo então, ofereceu-me mais uma vez, com os olhos marejados de lágrimas respondi: "Amor, eu não quero, daqui a pouco eu vou orar e, se eu fizer isso, como eu vou falar com Jesus?".

Vencer a tentação foi uma expressão de amor a Deus, a qual meu esposo pôde presenciar, logo após esse acontecido, ele aceitou Jesus também e juntos começamos uma nova história.

"Então Jesus lhe disse: 'Levante-se! Pegue sua maca e ande.' Imediatamente, o homem ficou curado, pegou a maca e começou a andar. Isso aconteceu num sábado." (João 5:8-9)

Quando Jesus lhe der uma ordem, essa ordem vem cheia de poder para ser executada. Quando Ele disse: "Levanta-te!", o homem não podia, "toma tua maca", o homem não podia, quando Jesus disse: "anda" o homem não podia. Quando Deus pede algo um poder é liberado do céu que nos habilita a fazer o que precisa ser feito.

Hoje vivo as promessas de Deus em minha vida, de superação, milagres e libertação. O cativeiro não é nosso destino, então se lembre: Deus não esqueceu do que você nasceu para ser!

Jesus curou minha vida, curou o homem do tanque e continua curando e salvando pessoas que estão sob o peso do pecado. Jesus curou um homem que não tinha fé para ser curado, e por que curar alguém assim? Porque somente Ele representa poderosamente toda a humanidade.

Podemos não conhecer, não entender direito ou não ter o poder suficiente em nós mesmos, mas isso não limita Deus. Ele, ainda assim, nos olha e pergunta: Você quer ser curado?

Referências

BÍBLIA Sagrada. Nova versão internacional. Revista e atualizada no Brasil. 2. ed. São Paulo: Sociedade Bíblica do Brasil, 2000.

WEBSTER, Noah; MASON, Keith (ed.). **Webster's Dictionary 1828**. Disponível em: https://webstersdictionary1828.com/. Acesso em: 4 jul. 2024.

“Deus não se esqueceu do que você nasceu para ser.”

PASTORA ELIZABETH RAMOS

PASTOR EVERSON FERREIRA

Eu me chamo Everson Ferreira, sou casado há quatorze anos com o grande amor da minha vida, a pastora Alessandra Machado. Pai de três lindos meninos, João Pedro, Jorge Guilherme e meu caçula, Everson Junior.

Sou mestre em Teologia, psicanalista, com pós-graduação em Neurociência, reitor do Seminário Teológico Beréia, fundador do Espaço Terapêutico Bem--Estar, professor de Intercessão e Batalha Espiritual, presidente da Comunidade Evangélica É Tempo de Adorar, no Rio de Janeiro.

Pregador da palavra de Deus, escritor dos livros: *Introdução à oratória*, *Virei obreiro e agora?*, *Manual do líder*, *Preparado para servir* e *Missões, um projeto de Deus*, tendo como objetivo orientar, ajudar e instruir os leitores em suas carreiras ministeriais.

preversonferreiraoficial

+55 (21) 97044-1978

bombeiroeverson@yahoo.com.br

RECEBENDO **VIDA**

ATRAVÉS DA PALAVRA

VOLUME 2

10 NINGUÉM AMADURECE SORRINDO

POR PASTOR EVERSON FERREIRA

A vida, às vezes, é um labirinto em que pensamos que estamos indo no caminho certo e, quando menos esperamos, nos vemos perdidos, a ponto de pensarmos que é o fim e o melhor a se fazer é desistir, mas há uma maneira de reagirmos diante dessa situação, que é recebendo vida através da Palavra, crendo que até mesmo no meio do caos, Deus cumpre suas promessas.

Deus é perito em pegar aquilo que um dia nos fez chorar e transformar em remédio para curar aqueles que necessitam.

Em 1 Samuel 23:15, "Davi estava com medo porque Saul tinha saído para matá-lo. Davi passou a viver em Horesa, no deserto que fica perto de Zife". Existem processos em nossa vida que, se fosse por opção nossa, não iríamos querer viver, mas Deus nos permite passarmos para que possamos ter estrutura e maturidade para as promessas que vão se cumprir em nossa vida. E aprendemos muito com Davi sobre processo, resiliência e ressignificação.

Davi era um grande homem, muito conhecido por sua bravura, coragem, ousadia, determinação e por ser um valente guerreiro nas batalhas. A vida de Davi divide-se em duas partes: o antes de Golias e o depois de Golias. Davi torna-se conhecido, torna-se venerado, torna-se líder do exército de Israel. E com toda essa notoriedade, Saul, o rei de Israel, levanta-se contra Davi desejando matá-lo e ele fica tomado de medo.

É necessário entendermos que até os mais valentes guerreiros como Davi sentem medo. O medo é o estado de alerta do ser humano que prepara a mente para algo que representa ameaça ou perigo. O medo é paralisador, mas não devemos paralisar com o medo, e sim enfrentá-lo.

Quantas foram as vezes que deixamos de avançar, evoluir, crescer por causa do medo? Pense nas inúmeras vezes que você travou diante de uma situação. A vida de Davi nos ensina que o prenúncio de vitória não nos inibe de dias difíceis.

Davi não teve medo do gigante, mas teve medo da perseguição de Saul. Isso me faz lembrar de Elias, que não teve medo dos profetas de Baal, mas teve medo das ameaças de Jezabel. O medo paralisa as nossas decisões, paralisa nossa família, nossa vida financeira, nossa vida espiritual e impede de avançarmos.

Não permita que o medo impeça você de viver as promessas de Deus para sua vida, não deixe que ele tire as suas forças de recomeçar, que roube os seus sonhos e sua felicidade paralisando a sua vida e roubando a sua paz.

A palavra para você é: Vá! E se der medo, vá com medo mesmo, mas não deixe de ir!

Se tem uma coisa que fará você vencer os obstáculos da vida é o equilíbrio entre razão e emoção. Haverá situações em que a razão será maior, assim como haverá outras em que a emoção será muito mais bem-vinda. De nada adianta fugir dos desafios da vida, lá na frente você terá que se confrontar frente a frente novamente com eles e para isso Deus sempre levanta alguém, para nos encorajar a não desistirmos. Na vida de Davi foi Jônatas!

Em 1 Samuel 23:16-17, lemos que Jônatas foi encontrar-se com Davi ali e lhe deu coragem para confiar na proteção de Deus. Jônatas disse: "— Não tenha medo...".

Ao olharmos superficialmente para alguns personagens da Bíblia, chegamos a pensar como eles foram tão fortes e imunes ao medo, eles pareceram permanecer tão valentes diante das circunstâncias difíceis! Mas até os mais valentes guerreiros também sentem medo, e vemos que as lutas que eles travaram ao longo da vida fizeram eles ainda mais fortes, porque o medo de hoje trará o sucesso de amanhã.

Sentir medo não é o problema, o problema é o que fazemos quando estamos com medo. Para onde e para quem corremos quando esse sentimento nos invade? Muitos homens e mulheres na Bíblia tiveram medo, mas nem por isso deixaram de ser quem Deus os designou a ser e mesmo com medo cumpriram os seus propósitos.

Vivemos dias difíceis, onde a intenção do maligno é nos paralisar trazendo medo, pânico, ansiedade, depressão e tantos outros tipos de ataques. Não é fácil lidar com esses sentimentos, eu falo por experiência própria sobre isso, porque também já vivi tempos sombrios pelo medo, mas pude contemplar a mão de Deus em meu favor e percebi que Ele nunca perdeu e nem perderá o controle de nada. Ele sempre estará ao nosso lado e a Sua Palavra nos garante, porque se o inimigo se levantar por um caminho, por sete ele terá de fugir. Mesmo que o medo bata à nossa porta, devemos apresentar a ele o tamanho do nosso Deus e as Suas verdades ao nosso respeito.

Em um período muito difícil da minha vida, quando eu me encontrava sobrecarregado, pressionado e muito preocupado, logo após ter passado por um momento muito traumático com a minha esposa em um quadro de depressão severa, as coisas estavam voltando à sua normalidade; foi quando eu comecei a perceber algumas mudanças no meu humor, desconfortos no meu sono e os meus pensamentos tornaram-se totalmente pessimistas sobre a vida, a ponto de eu achar que nada mais daria certo para mim. A minha mente estava muito confusa e acelerada, de uma maneira descontrolada, e quando vi, o medo me alcançou. Fui diagnosticado com síndrome do pânico, ansiedade e depressão. Mas como assim? Logo eu? Uma pessoa que sempre gostou de fazer os outros sorrirem, sempre teve uma palavra de ânimo, sempre teve conselhos para aqueles que necessitavam, eu sempre amei a vida e seus altos e baixos.

Agora parecia que tudo em minha volta tinha perdido a cor, o gosto, o brilho, uma tristeza na minha alma que parecia não ter fim, e não era sobre não ter o que eu queria, era sobre não fazer mais sentido tudo o que eu tinha. Quando vi, estava no fundo do poço e passei por exatamente 16 dias no fundo desse poço, sem comer, sem dormir, sem falar nada para ninguém, porque tinha que me fazer de forte no trabalho, na igreja e principalmente em casa, para não preocupar ninguém, porque estávamos saindo de um baque. E lá no fundo, algo me dizia "seja forte", eu ficava pensando: "as pessoas não vão entender que o bombeiro está mal, o pastor avivalista que ajuda a todos precisa de ajuda e o super-herói da família está fraco", e o meu pensamento foi "eu preciso me levantar dessa".

Ajuntei as poucas forças que restaram dentro de mim e entrei para meu quarto de oração e por sete dias clamei ao Senhor e a cada dia ele me deu um salmo diferente, como um remédio diário. No sétimo dia, eu senti um toque diferente, eu senti vida através daquela Palavra, eu me senti vivo de novo, as lágrimas que rolaram por tanto tempo de angústia e tristeza rolaram de alegria e paz, eu vi novamente brilho no meu olhar; eu sentia meu corpo muito debilitado, cansado, mas era como se estivesse tomando uma chuveirada gelada após um dia exaustivo de muito trabalho, no calor do verão, eu senti toda a amargura, tristeza, fraqueza saindo de mim e, nesse dia, eu fui abraçado pelo Espírito Santo, quando declarava o último verso do Salmo 142:7: "Tira a minha alma do cárcere". Em períodos de medo, angústia, Deus sempre tem uma palavra de coragem, ânimo e fortalecimento para nossas vidas.

Na vida de Davi, foi Jônatas que Deus usou para ser o porta-voz do socorro que ele tanto precisava para não desistir e ele não poderia ter aparecido em ocasião mais oportuna que aquela e suas palavras não poderiam ter sido mais bem escolhidas. O propósito de sua visita foi fortalecer Davi em Deus, no seu dia difícil e seu encorajamento está resumido nas seguintes palavras: "Não tenha medo!".

Parecia impossível que Davi escapasse daquela guerra com vida, pela grande investida que estava sofrendo. Mas Jônatas libera uma palavra. E como é precioso o poder da palavra! Se todos soubessem o peso e o valor de uma palavra, muitas vidas seriam encorajadas a não desistirem, a não pararem e vemos quão grande é a necessidade de Deus levantar Jônatas nos dias de hoje para liberar palavras de cura, restauração, encorajamento e libertação.

Sabemos que não são poucas as dificuldades da vida que nos cercam e o quanto a vida é dura e exigente conosco. Muitos desanimam, achando que não é possível superar as dificuldades que estão vivendo, mas vemos que é sim! E Deus nos ajudará a vencer todas elas. A vida pode ser cheia de desafios e decisões difíceis. Contudo, mesmo em meio às dificuldades, o Senhor nos aconselha a sermos sempre fortes e corajosos.

Deus não nos deu o espírito de temor, mas de fortaleza, de amor e de domínio próprio. Nunca desista dos seus objetivos, dos seus sonhos, só você é capaz de torná-lo real, tenha fé, pois no final tudo isso lhe servirá como aprendizado!

Muitas foram as vezes que pensei em parar, em desistir, só Deus sabe as lágrimas que já derramei, as calúnias que sofri, as humilhações que passei, os desertos que já atravessei em silêncio, sem ter ninguém para desabafar, as noites em claros sem dormir, as rejeições que passei, já cheguei a pensar que não iria suportar e nem imaginava aonde Deus poderia me levar. Talvez você também não tenha ideia de aonde Deus possa levá-lo. Mas basta lembrarmos de Davi que obedeceu e acreditou e Deus transformou a sua história. Deus fez Davi reinar sobre toda Israel (1 Crônicas 29:26).

Quero encerrar com uma franca afirmação: você também pode romper qualquer área da sua história para construir uma ainda melhor! Crendo, obedecendo e confiando em Deus. Porque Ele é fiel para cumprir.

Ore comigo:

Senhor, que eu possa receber a Sua Palavra que foi liberada neste livro, pois nela há cura e encorajamento. E que essa verdade transforme o meu dia a dia. Eu declaro que sou capaz de romper com a minha história, para que eu possa, com a Sua ajuda, escrever uma história nova para a minha vida, uma história que faça resplandecer em mim a Sua presença e o Seu poder.

Senhor, liberte-me de todas as cadeias que me prendem a um passado de derrota, a uma vida de fracasso, e que eu possa vencer os desafios que me cercam e que impedem de receber a minha vitória. Senhor, prepare-me para que eu possa alcançar tudo que tem preparado para mim, para que eu possa testemunhar a vitória que há somente em ti.

Senhor, abençoe-me, guarde-me e proporcione-me uma vida de superação, assim como fez com Davi. Em nome de Jesus. Amém e amém!

“Até no meio do caos Deus cumpre promessas.”

PASTOR EVERSON FERREIRA

FABIANA GOMES

Sou Fabiana Beatriz Gomes de Deus. Tenho 46 anos, sou casada há 29 anos com Lino Manoel da Silva. Temos um casal de filhos e um neto. Sou empresária no ramo de serviços. Ajudo meu marido no cuidado da igreja, em que pastoreamos há cinco anos e onde temos vivido o sobrenatural de Deus.

fabianaterapeutacrista

+55 (51) 99970-2641

fabianabeatrizgomes@hotmail.com

11 POSICIONADA EM CRISTO, UMA VIDA TRANSFORMADA

POR FABIANA GOMES

Há exatamente 23 anos, aconteceu algo em minha vida que mudou totalmente minha história. Saí de uma vida triste, cheia de amargura e tristeza, para uma nova vida, na qual encontrei minha verdadeira identidade de filha de Deus, de mulher curada, transformada pelo poder de Deus.

Quando fui apresentada à Palavra de Deus, aconteceu algo em mim que mudou tudo. Através dela tive um encontro com o Senhor. Em João 3:3, lemos: "Em verdade, em verdade vos digo, se alguém não nascer de novo não pode ver o Reino de Deus". Quando entendemos que precisamos nos posicionar na Palavra para podermos, de fato, ter uma nova vida e desfrutar das bênçãos que o Senhor tem para cada um de nós, em Efésios 1:3 diz que "Ele já tem nos abençoado com toda a sorte de bençãos", então por que não desfrutar, não é mesmo?

Jesus tem nos chamado para vivermos com Ele fazendo parte da Sua família. Nessa família, temos a certeza de que temos um Pai que tem cuidado, perdoado todos os nossos pecados, pois, sim, somos necessitados desse perdão, trazemos em nós as marcas da desobediência do jardim do Éden. Em Romanos 3:23 diz que todos pecamos e carecemos da glória de Deus. A base para esse perdão é o sangue de Cristo. Uma vez que temos nossos pecados perdoados, nós nos tornamos limpos pelo sangue de Cristo para vivermos uma vida sem acusação, pois o Senhor lança nas profundezas do mar toda a acusação (Miquéias 7:19). Em Hebreus 8:12, Deus diz "dos teus pecados jamais me lembrarei", ou seja, perdoar para Deus é esquecer. Que glorioso é saber que Deus não se lembra dos nossos pecados!

Mas isso não significa que podemos sair fazendo o que parece ser bom aos nossos olhos e isso acabar por nos levar ao pecado novamente. Temos que ter em mente que Cristo nos ama, mas não nos dá liberdade para sairmos da nossa verdadeira posição de filhos amados e perdoados. Hoje, vivemos dias em que somente em Cristo encontramos a verdadeira paz, o verdadeiro amor, aquele amor que faz com que lancemos fora tudo que nos impede de buscar ao Senhor, de estarmos unidos como filhos de um Pai tão amoroso que faz com que Sua família seja abençoada nesta terra. Não tenha dúvida, busque conhecer mais deste Deus que tem prazer em transformar vidas, vidas que muitas vezes estão totalmente afogadas em um mar de tristeza e dor tão grandes, como era a minha vida. Então, se você está pensando que não tem solução para seus problemas, que tudo está perdido, eu lhe apresento um Deus que vai mudar a sua história.

Quero lhe contar uma história. A Bíblia fala de uma moça que era órfã e vivia com seu tio, um bom homem que criou a jovem como se fosse sua própria filha. Essa história é da rainha Ester. Quem imaginaria que uma moça simples teria sua vida mudada totalmente de uma hora para outra? Quando o rei mandou buscar as jovens mais belas e puras do reino, a jovem Hadassa foi levada para o palácio. Imagine como estava o coração daquela jovem, o medo deve ter tomado conta do seu coração; agora, estava longe do seu tio, seu único parente vivo, pois estava sendo criada por ele desde que seus pais faleceram. Mas, como Deus nunca perde o controle de nada, na vida dessa jovem não seria diferente. Deus teve um objetivo para a vida dessa moça, assim como Deus tem na sua vida um grande objetivo. Deus fará algo que mudará a sua história e de seu povo.

Para aquela jovem seria impossível, mas Deus é o Deus do impossível e Ele faz infinitamente mais do que nós pensamos ou imaginamos. Assim o Senhor fez na minha vida e fará na sua também, basta que confiemos nele. A jovem órfã estava dentro de um castelo prestes a conhecer o rei, mas Deus preparou tudo para que Seu propósito se cumprisse na vida dela, pois não seria apenas a vida dela que mudaria, mas a vida de um povo. O que parecia impossível aconteceu, o rei escolheu a jovem para ser sua nova rainha. Agora não mais Hadassa, não mais uma simples jovem, agora era Ester, a rainha. Parece um conto de fadas, um sonho, nada poderá estragar este sonho, uma mulher simples torna-se rainha, como Deus é maravilhoso!

Ficamos tão felizes, envolvidos com tantas novidades, que não percebemos que o inimigo de nossas almas está trabalhando, tramando contra nós. Assim, levantou-se um homem contra o povo da jovem rainha, ele usou de tantas artimanhas para destruir todos o que faziam parte do povo de Deus! O que fazer nesse momento, quando parecia não haver saída? A rainha também corria risco e mesmo ela não estava livre de sofrer com seu povo. A jovem rainha então entrou num jejum por três dias, ela e suas servas, para que Deus a ajudasse naquele momento, pois ela teria que ir ao encontro do rei, mas isso era proibido até mesmo para ela; se o rei não tivesse chamado, ninguém poderia chegar até ele, com pena de morte, se ele não usasse de misericórdia e estendesse o seu cetro.

Mas a vida da jovem tinha um propósito, um objetivo traçado por Deus e Deus agiu. Ester jejuou, orou e no terceiro dia ela se preparou, com seu mais lindo vestido, suas jóias mais lindas, sua coroa, seu melhor perfume, ela estava linda, mas dentro do peito seu coração estava aflito, com medo. Mas, mesmo assim, ela caminhou pelo palácio a caminhada mais longa que ela tinha feito em sua vida, talvez seu coração estivesse batendo forte, sua respiração acelerada, mas ela não podia desistir. A bela rainha agora para em frente à porta e de seu trono, o rei a vê linda, todos fazem a pergunta: "O que ela faz aqui? Não foi chamada". Naquele momento, o rei estende seu cetro e manda buscá-la.

Você consegue imaginar o que ela sentiu naquele momento? Um sentimento de alívio, de alegria, de esperança, pois o rei mandou a chamar. Assim, quando uma mulher está posicionada no lugar certo, pode ter certeza, o rei vai mandar chamar. O rei chama Ester e ela pede ajuda para seu povo, mesmo que o decreto não pudesse ser mudado, o povo poderia se defender dos seus inimigos, e assim aconteceu, o povo lutou e venceu. Assim, uma jovem órfã é escolhida por um grande Deus para mudar a história do seu povo.

Quando olhamos para o livro de Ester, podemos ver que Deus age em todo o tempo, Deus não impede que venhamos a passar por períodos difíceis, como nas histórias da Bíblia. Quantos testemunhos de vitórias, mas quantas lutas o povo passou e ainda assim continuou a caminhada, crendo que Deus cuida do Seu povo.

Se hoje você estiver passando por um caminho tão difícil, em que você não consegue ver solução, eu o(a) convido: tire o foco desse problema, converse com o Senhor, faça como a rainha Ester: ela se preparou, jejuou, orou e foi se apresentar ao rei, mesmo com medo de morrer. Ela creu, então creia, você vai conseguir passar por tudo isso e vai se alegrar com o cuidado de Deus na sua vida, não tema!

Olhar para nossos dias e falar "Não tema!" é difícil, não é mesmo? Quantas incertezas! O medo bate a todo o instante à porta, fazendo com que deixemos de confiar em Deus, parece que Ele está longe demais. Na maioria das vezes nos sentimos assim longe, tão envolvidos com tantas coisas que deixamos de realmente crer que Deus pode agir nas nossas vidas.

Há 23 anos, eu vivo este agir de Deus na minha vida, já tive muito medo, vontade de desistir, mas quando Deus tem um plano para nós ele trabalha em tudo para que nós não venhamos a desistir. Não fique surpreso com o que Deus vai fazer na sua vida, isso é real, o Deus que servimos é real. Ele pega as coisas loucas desta terra e transforma, ele pegou a jovem Hadassa, uma órfã, e transformou em uma rainha; pegou o jovem Davi, que estava no campo cuidando das ovelhas do seu pai, e o transformou em rei; pegou José, que foi traído pelos seus irmãos, vendido como escravo, que foi preso, e o transformou em governador do Egito, assim Deus vai fazer na sua vida, não importa onde você esteja. A prostituta Raabe entrou para a linhagem de Jesus.

O que você está esperando para voltar a viver o agir de Deus na sua vida? Basta você reconhecer que precisa se arrepender em seu coração de não crer que Deus está agindo na sua vida, peça perdão e diga para o Senhor que você crê nEle, nos milagres, que você quer viver uma vida transformada, cheia do poder de Deus.

Lembre-se, você faz parte do plano de Deus, plano este de tirar você de uma vida cheia de dores para uma vida totalmente transformada, como a vida de cada homem e mulher da Bíblia. Hoje a vida tem nos ensinado que independentemente de onde nós estivermos, Deus está no controle de tudo. Em Cristo você não é apenas mais um, você é chamado, escolhido para levar por meio de Jesus Cristo a transformação de outras vidas. Não fuja do seu propósito, Deus estabeleceu uma nova vida para você, então continue a trilhar por esse caminho e você vai poder desfrutar das alegrias de uma vida transformada.

"Jesus estendeu
a mão para mim,
eu a segurei e Ele
está estendendo
a mão para você
também."

FABIANA GOMES

PASTORA GLENDA GODOI

Sou Glenda Godoi, natural de Contagem/MG. Nessa cidade, resido com minha família: meu esposo Luís Otávio de Oliveira, com quem sou casada há vinte anos, e nossos dois filhos, Lucas Pinheiro, de 15 anos, e Ana Elisa, de 7 anos.

Sou pastora há 24 anos e estou em formação no curso de Psicanálise, hoje desenvolvo trabalhos com várias famílias, inclusive na África. Acredito que nossa missão aqui sempre passará por pessoas, eu decidi fazer da minha algo excelente.

glendagodoi

+55 (31) 97571-8888

glenda.godoi@hotmail.com

RECEBENDO VIDA
ATRAVÉS DA PALAVRA
VOLUME 2

12 VOCÊ NÃO É TODO MUNDO!

POR PASTORA GLENDA GODOI

Uma das questões mais relevantes da vida é descobrirmos quem realmente somos.

A compreensão da identidade começa por meio da nossa nova natureza. Somos criados por Deus, o artista mais criativo do universo, que fez cada um com um *design* único. Somos obra de Deus, criados com uma identidade própria para cumprirmos um propósito aqui na terra. A partir do conhecimento de Deus, conseguimos compreender a nossa identidade e o propósito pelo qual somos como somos, e para qual finalidade existimos.

Neste capítulo, quero refletir com você a famosa frase usada por nossos pais: "Você não é todo mundo!". Crescemos ouvindo essa frase quando, muitas vezes, pensávamos na necessidade que tínhamos de acompanhar tudo e todos.

Mas, de fato, quando ouvimos essa frase, o que podemos dizer? Se não sou todo mundo, então quem sou eu? Essa é uma pergunta que muitos de nós, pelas mais diversas razões, nos negamos a responder. Muitos de nós respondemos com o nosso nome pessoal ou de família, com o que fazemos na vida, (ou já fizemos), com algum título pessoal, familiar ou social, em como somos como pessoa, como Deus nos vê, como os outros nos veem. Mas "quem eu sou" na minha própria essência, sem subterfúgios, sem máscaras, é esse ser que eu realmente sou.

Não creio que Moisés tenha esquecido da sua infância, da sua adolescência, e de como já adulto realmente era. Ele não se esqueceu de tudo o que tinha feito. Não há nenhum ser humano que, por muito esforço que faça, consiga esquecer-se absolutamente de quem verdadeiramente é. Muitas vezes tentamos "nos esconder" até de Deus, como se isso fosse possível! Mas Deus conhece a nossa natureza, o nosso ser, melhor que nós.

A tentativa de nos escondermos é devido à falta de coragem para assumirmos quem verdadeiramente somos. Ao ler Êxodo, capítulos 2 a 7, podemos observar o conflito vivido por Moisés na jornada do autoconhecimento, o quanto Deus preparou Moisés para ser um homem excelente, não no espaço de um dia, mas ao longo do tempo; não por um acontecimento, mas por um processo.

Entre o processo e o propósito está Deus, preparando pessoas em um pote de barro, não em um forno de micro-ondas.

"Mais importante do que a esperada meta é o trabalho que Deus realiza em nós enquanto esperamos. A espera nos aprofunda e nos amadurece, nivela nossa perspectiva e amplia o nosso entendimento" (Maxwell, [s.d.] *apud* Pinheiro, 2017). Isso permite que a cada teste do tempo determine se estamos preparados para suportar períodos aparentemente infrutíferos e se seremos capazes de aproveitar as oportunidades que surgiram no nosso caminho.

Deus tem promessa para cada um de nós. Mas, a forma pela qual nós herdamos as promessas envolve não apenas fé, mas fé e paciência. "Digo, pois, que todo o tempo que o herdeiro é menino em nada difere do servo, ainda que seja senhor de tudo; mas está debaixo de tutores e curadores até ao tempo determinado pelo pai" (Gálatas 4:1-2).

Nós precisamos entender que, apesar de o filho ser herdeiro de tudo, o pai deixa-o no mesmo nível de todos na casa, por quê? Porque qualquer um que não tenha maturidade e tiver acesso à sua herança poderá acabar dissipando tudo o que herdou. E a espera é o processo que nos ajuda a amadurecer. Moisés era um homem de ação, bem como um homem possuidor de um temperamento quente e propenso a ações precipitadas. Deus queria salvar o Seu povo? Sim. Deus quis usar Moisés como Seu instrumento escolhido de salvação? Sim. Mas Moisés, quer estivesse ou não realmente consciente de seu papel na salvação do povo hebreu, agiu precipitadamente e impetuosamente. Ele tentou fazer em seu tempo o que Deus queria fazer em outro tempo. O que aprendemos aqui: devemos estar bem conscientes de não apenas fazer a vontade de Deus, mas de fazê-la em Seu tempo, não no nosso.

Moisés precisava de tempo para crescer, amadurecer e aprender a ser manso e humilde perante Deus, e isso nos leva ao próximo capítulo da vida de Moisés, seus quarenta anos na terra de Midiã. Durante esse tempo, Moisés aprendeu a vida simples de um pastor, um marido e um pai. Deus tomou um jovem impulsivo e de temperamento quente e começou o processo de moldá-lo no instrumento perfeito para Ele usar. O que podemos aprender com essa fase em sua vida? Se a primeira lição é esperar pelo tempo de Deus, a segunda lição é não ficar ocioso enquanto esperamos.

Embora a Bíblia não passe muito tempo nos detalhes dessa parte da vida de Moisés, não é como se Moisés estivesse sentado à toa enquanto esperava pelo chamado divino. Ele passou a maior parte de quarenta anos aprendendo os caminhos de um pastor e sustentando e criando uma família. Essas não são coisas insignificantes! Embora possamos ansiar pelas experiências de "topo da montanha" com Deus, 99% de nossas vidas são vividas no vale, fazendo as coisas do dia a dia que compõem uma vida. Precisamos estar vivendo para Deus "no vale" antes que Ele nos aliste para a batalha.

Muitas vezes, é nas coisas aparentemente simples da vida que Deus nos treina e nos prepara para o Seu chamado na próxima etapa. Quando estudamos toda essa passagem percebemos que, no processo da autodescoberta, assim como Moisés, Deus nos leva a lugares para nos ensinar algo e transformar o nosso coração, pois sem mudança não há aprendizagem.

A maioria de nós pode listar desculpas porque não lideramos com eficiência ou desempenhamos um papel a nós dado por Deus.

Quando Deus chamou Moisés, este rapidamente pensou em algumas desculpas para não fazer, não diferente de nós, ele disse: **quem sou eu?** Moisés lutava com sua identidade, não se sentia qualificado, pensou ser a pessoa errada.

Muitos de nós nos sentimos desqualificados, por coisas que foram ditas sobre nós ou pela rejeição sofrida para ocupar cargos ou posições. Aceitar quem somos parece uma tarefa tão árdua que chega a ser considerada missão impossível. Sócrates já dizia: "Conhece-te a ti mesmo" – como ponto de partida da filosofia humana. No entanto, esse é um caminho muito difícil de ser percorrido para quem não tem um referencial, um modelo de **personalidade** a ser atingido. Nós, cristãos, que temos Jesus Cristo como modelo, precisamos ter a coragem de nos pôr a caminho e de nos conhecer em profundidade. O autoconhecimento é um caminho que nos leva a olhar para dentro de nós mesmos e a reconhecer nossos dons e talentos recebidos de Deus, e também, os nossos limites, fraquezas e os pontos que precisam ser melhorados. Conhecer-se a si mesmo é uma necessidade e um dever do qual ninguém pode subtrair-se. O homem tem necessidade de saber quem é, a crise de identidade começou em Lúcifer e até hoje arrasta inúmeras pessoas sobre esse lugar. Ele, criado como um anjo de luz, acabou como uma serpente. Ele acreditou em uma mentira para si próprio e por isso foi expulso, e hoje a crise de identidade entra na vida de alguém a partir do momento em que se acredita nas mentiras criadas por ele.

Quantas vezes nós não acreditamos nas mentiras do diabo? Começamos a odiar o nosso corpo, nos desvalorizamos. Começamos a nos esconder de Deus porque acreditamos na mentira que ele não responde a nossa oração. Começamos a ignorar tudo de bom que Deus nos deu e a culpar os outros pela situação que estamos vivendo. Não se alimente de mentiras, desapegue-se das falsa identidade que você construiu para si!

A sua verdadeira identidade está escondida em Jesus Cristo! Para descobrir quem você é, é preciso ir conhecendo cada vez mais a Cristo e o que Ele tem para você.

Moisés precisava entender que mais do que olhar para si, ele precisava compreender quem seria com Deus (Êxodo 3:12). Como podemos querer ficar tão longe da verdade de quem somos?

Nós falamos de nós mesmos, apenas na mensagem que queremos passar. E para com Deus, queremos agir da mesma forma? Como se não fossem absolutos os registros divinos.

Moisés precisava de intimidade, suas palavras registram isso, "Quem é você?", ele não o conhecia suficientemente para descrevê-lo ao povo, faltam-lhe convicções sobre seu relacionamento com Ele.

Mas a iniciativa veio de Deus de revelar quem Ele era a Moisés e, a partir dessa revelação, construir um relacionamento pessoal, íntimo e profundo com ele. Quando aprofundamos no conhecimento de quem Deus é, isso enriquece a nossa compreensão espiritual, mas existe mais de Deus para se conhecer do que simplesmente saber quem Ele é! O povo de Israel conhecia os feitos e o poder, mas a Moisés foi revelado algo mais profundo. Israel conheceu o que Deus fazia, Moisés conheceu por que Deus fazia.

Moisés era um homem improvável, que precisou passar pelos processos de Deus sem perder o vigor e a visão. Por isso, ele terminou bem. Ele poderia ter desistido, abandonado o seu chamado. Ele tinha até motivos para fazer isso. Entretanto, superou tudo o que precisava superar para ser tudo o que Deus queria que ele fosse! Ele precisou prevalecer sobre o medo relacionado a ele mesmo, mas Deus lhe respondeu assegurando a Moisés o Seu propósito. Moisés precisou prevalecer sobre o medo relacionado a Deus, mas o Senhor o encorajou com a Sua presença, precisou prevalecer sobre o medo relacionado com os outros, mas Deus demonstrou a ele o Seu poder e comprometimento, precisou prevalecer sobre o medo relacionado à sua capacidade, mas Deus forneceu a ele um parceiro. Moisés precisou superar suas próprias limitações. Que possamos a cada dia mergulhar nessa autodescoberta em Deus para vivemos as promessas do Pai.

Referência

PINHEIRO, Pr. Luciano. Mais importante do que a esperada meta é o trabalho que Deus realiza em nós enquanto esperamos. A espera nos aprofunda e amadurece, nivela a nossa perspectiva e amplia o nosso entendimento (John Maxwell) (post). **Facebook**. 19 nov. 2017. Disponível em: https://www.facebook.com/Pastorlucianopinheiro/posts/mais-importante-do-que-a-esperada-meta-%C3%A9-o-trabalho-que-deus-realiza-em-n%C3%B3s-enqu/1291444077667656/. Acesso em: 11 jul. 2024.

"A dúvida é natural do ser humano, mas a incredulidade é uma escolha."

PASTORA GLENDA GODOI

PASTORA JAK FERREIRA

Transformada pelo amor de Cristo. Casada há dezoito anos com Almir Ferreira, companheiro fiel. Mãe de três princesas: Beatriz, Lavinia e Helena, minhas flechas.

Fui consagrada à pastora no Ministério do Nazareno em 2012. Tenho exercido o ministério de palestrante e pregadora itinerante desde 2014.

Sou terapeuta comportamental, *coach* em Inteligência Emocional e PNL. Bacharel em Teologia. Pós-graduada em História das Religiões.

Coautora do livro *Recebendo vida através da palavra – Vol. 1*, pelo qual, em nove meses de lançamento, atingi a marca de mais de mil cópias adquiridas, e do *best-seller Mulheres como luzeiros no mundo – Vol. 1*. Deus seja louvado em todo o tempo!

prcjakferreira

jakferreira208

RECEBENDO VIDA
ATRAVÉS DA PALAVRA
VOLUME 2

13 ENQUANTO HOUVER ESPERANÇA, HAVERÁ VIDA

POR PASTORA JAK FERREIRA

É sempre a fé que nos move quando passamos por provações e dificuldades, ter a esperança de que dias melhores virão é essencial para vencer os dias maus. Uma pessoa sem esperança e sem fé é alguém sem sonhos, sem otimismo, sem perspectivas e sem motivação. Uma pessoa sem esperança está fadada a viver seus dias somente por viver, sem experimentar a boa, perfeita e agradável vontade de Deus. A pessoa com esperança tem uma mente positiva, crê que não importa o tamanho das ondas e a força dos ventos, Jesus sempre está no barco e tudo ficará bem. A esperança firmada em Cristo não tem variações, é uma espera convicta de que a vitória chegará, mesmo o cenário sendo caótico. A Bíblia é fonte da esperança, ela contém mais de três mil promessas, promessas o suficiente para transformar uma vida inteira.

Em um mundo tão conturbado, cansado e aflito, há um povo que, apesar de suas dores e sofrimentos, caminha com passos firmes em direção a um futuro glorioso, um povo cuja esperança tem nome: Jesus Cristo.

Não sei como este livro chegou até suas mãos, quem sabe você o adquiriu, ganhou de presente, ou até mesmo pegou emprestado de alguém, o que eu sei é que nas páginas dele há cura, renovo e esperança para a sua vida, pois nada acontece por acaso e sobre isso o versículo que está em Romanos 8:28 diz: "E sabemos que todas as coisas contribuem juntamente para o bem daqueles que amam a Deus, daqueles que são chamados segundo o seu propósito". Então, que Deus fale ao seu coração e que você seja edificado e renovado pelo poder da Palavra.

Quero compartilhar com vocês algo lindo que Deus falou ao meu coração em uma passagem da Bíblia, em que é relatada uma das histórias mais comoventes, em minha opinião, cheia de esperança, fé, determinação e obediência.

O texto encontra-se no livro de 2 Reis 4:8-37 e nos conta a história sobre uma mulher que abençoou o profeta Eliseu e também foi abençoada, de uma mulher de nome desconhecido, mas seu testemunho de vida atravessou milênios, e em um verdadeiro exemplo de fé, ela lutou pelo seu sonho, não deixou morrer a esperança, passou momentos difíceis, mas confiou em Deus e não se decepcionou. O título desse texto na bíblia é "Eliseu e a sunamita", porque ela morava em Suném, e Suném quer dizer "lugar de repouso". Estava localizada a sudeste do mar da Galileia, entre os montes Gilboa e Tabor, na planície de Jezreel, que era herança da tribo de Isaacar. Lembremos que, quando se trata de nomes na Bíblia, tudo tem um sentido maior, então guarde isso: **lugar de repouso**.

Bem, vamos ler uma parte do texto:

> E concebeu a mulher, e deu à luz um filho, no tempo determinado, no ano seguinte, segundo Eliseu lhe dissera.
>
> E, crescendo o filho, sucedeu que um dia saiu para ter com seu pai, que estava com os segadores,
>
> E disse a seu pai: Ai, a minha cabeça! Ai, a minha cabeça! Então disse a um moço: Leva-o à sua mãe.
>
> E ele o tomou, e o levou à sua mãe; e esteve sobre os seus joelhos até ao meio-dia, e morreu.
>
> E subiu ela, e o deitou sobre a cama do homem de Deus; e fechou a porta, e saiu. E chamou a seu marido, e disse: Manda-me já um dos moços, e uma das jumentas, para que eu corra ao homem de Deus, e volte. E disse ele: Por que vais a ele hoje? Não é lua nova nem sábado. E ela disse: Tudo vai bem. (2 Reis 4:17-23)

Lemos apenas um trecho de toda a história dessa mulher, mas quero me ater a essa parte, pois é nela que eu quero ministrar sobre a sua vida. Prossigamos. O profeta Eliseu exercia seu ministério por lá, quando foi notado pela sunamita: "Eis que este é um santo homem de Deus". Aquela mulher tinha um relacionamento com Deus, por isso tinha discernimento para ver que Eliseu era um profeta verdadeiro, escolhido pelo Céu. Com um olhar de cuidado e amor pelo Reino, ela conversa com seu esposo e, em concordância, eles fazem um quarto para o profeta **repousar**, e a partir dali, Eliseu tornara-se hóspede dela, nada lhe faltava.

Quero começar a liberar palavras proféticas sobre a sua vida: Deus irá levantar pessoas para lhe dar apoio de todas as formas, pessoas para cuidar de você, para orar por você e estar ao seu lado lhe trazendo refrigério e repouso. Essa mulher se dispôs pelo Reino e, como costumo dizer, o Céu não deve nada a ninguém. Certa feita, Eliseu, estando hospedado em sua casa, sente em seu coração de fazer algo por ela, como uma recompensa, uma retribuição, demonstrando sua gratidão; então, ele a chama e pergunta se ela desejava algo, ela simplesmente não pede nada, pois já era **feliz com o que tinha**.

Posso lhe fazer uma pergunta? Você é feliz com o que já tem? Ou está esperando acontecer ou chegar algo para ser feliz? Lembre-se: um coração grato agrada a Deus e coisas boas acontecem. Por mais que você ainda não tenha realizado um sonho ou conquistado algo, você já tem muito o que agradecer. Gosto de citar uma frase que eu aprendi: "Ajuda-me a ser grata sempre". Agradeça, pois exatamente nesse momento há alguém orando para ter o que você já tem, e pode ser que essa pessoa nunca tenha, então **seja grato**! Que forte, não é mesmo?

Ela não pede nada, mas Eliseu faz questão de abençoar a vida e a casa dela, porque com Deus é assim, sua Palavra nos diz em Isaias 59:1: "Eis que a mão do Senhor não está encolhida, para que não possa salvar; nem agravado o seu ouvido, para não poder ouvir." Então, Eliseu, em um diálogo com o moço que andava junto com ele, chega à conclusão de que a casa não tinha filhos e que essa era a benção que a mulher precisava para se tornar ainda mais feliz e grata. Eliseu a chama novamente e lança uma palavra profética de que ela iria ter um filho. Ela, muito feliz, toma posse da promessa, e aí chegamos aos versículos que lemos acima. Ela de fato gerou, o filho nasceu e a casa está feliz e completa, até que...

Bem, nossas vidas são feitas de altos e baixos, mesmo servindo a Cristo, fazendo sua obra, abençoando vidas, as coisas acontecem e o dia ruim também chega, mas como eu disse no início deste capítulo, nós temos uma esperança chamada Jesus Cristo e Ele tem todo o Poder em suas mãos. A Palavra do Senhor nos diz em Salmos 37:5: "Entrega o teu caminho ao Senhor, confia nEle e Ele tudo fará". Que promessa maravilhosa! Mas, para Deus fazer tudo eu preciso entregar.

A história prossegue, o filho, ao que tudo indica, já é crescido, pois ele sai juntamente com o pai para o acompanhar, e em dado momento queixa-se de dor de cabeça, o pai pede para o levarem à mãe, e quando o filho chega ela o coloca **em seus joelhos**, saiba que todas as lutas e dificuldades só iremos vencer se estivermos com os joelhos no chão; a Palavra do Senhor diz em Jeremias 33:3: "Clame a mim e eu responderei e lhe direi coisas grandiosas e insondáveis que você não conhece".

Se você está lendo esse livro e está passando por um processo difícil, seja ele qual for, não desista de orar, de entregar no altar e com muita fé descansar no agir de Deus, Ele vai operar e o milagre vai chegar.

Certamente ela, como mãe, deu algum chá, acalentou-o e orou, mas o pior aconteceu, o menino morreu. Eu sou mãe de três lindas meninas e a cada vez que passava com elas no hospital, meu coração ficava partido, uma mistura de medo de perder, de ser algo muito sério, delas estarem sofrendo; eu, como mãe, queria tirar todo o mal que as estava acometendo, então, fico imaginando essa mulher, como estava o seu coração, seu único filho, seu milagre, sua promessa, seu sonho, estava ali sobre o seus joelhos dando seus últimos suspiros, pense comigo a enxurrada de sentimentos que ela teve. Mas, como uma mulher cheia de sabedoria, cheia de fé, cheia de convicção sobre quem havia lhe dado aquele filho, ela pega o menino e, preste atenção, ela o coloca no quarto do profeta, quarto do profeta é lugar de oração, lugar de intimidade com Deus, o lugar secreto; sim, é no secreto que travamos nossas maiores batalhas, lágrimas correm no rosto, rasgamos a alma diante de Deus, somos quem realmente somos, é no secreto que Deus se revela a nós.

Em Mateus 6:6 está escrito: "Mas tu, quando orares, entra no teu quarto, e fechando a tua porta, ora a teu Pai que está em oculto; e teu Pai, que vê em oculto, te recompensará publicamente". Que lindo isso! Então prossiga, continue orando e deixando todas as situações no altar e creia que Deus vai mover o sobrenatural em seu favor.

Aquela mulher, de maneira plena, solicita ao esposo uma jumenta para ir até o homem de Deus, pois ela é sábia, possui uma inteligência emocional fora do comum, toma uma decisão centrada, ela vai direto à fonte, direto a quem realmente pode resolver. E quando ela fala com o esposo, ele a interroga, pois não era dia de consultar o profeta, e a resposta dela foi surreal diante da situação que ela estava vivendo naquele exato momento: seu filho amado, sua promessa, está morto no quarto do profeta, mas ela não olha com os olhos da carne, nem ao menos compartilha a dor com o esposo, o pai do menino, ela responde ao esposo: **"Tudo vai bem!"** Como? Que força era essa? Que convicção! Essa mulher sabia quem era o Deus ao qual ela servia e adorava, **o Deus dos impossíveis.**

Em Lucas 1:37 está escrito: "Porque para Deus nada é impossível". E quero que você guarde isso em seu coração, é o mesmo Deus que está com você! Ela sobe até o monte Carmelo e Eliseu envia o moço para perguntar se está tudo bem, e novamente ela responde: **"Vai tudo bem"**. Ela não estava mentindo, muito menos se enganando, ela estava **profetizando**, pois a fé dela era suficiente para mover o milagre, pois mesmo que eu não veja se Deus está trabalhando, **tudo vai bem e Ele me dará repouso**. Eliseu vai até à casa dela e ressuscita o menino, e ela entra no quarto, adora a Deus e pega o filho em seus braços, oh Glória a Deus!

Querido(a) leitor(a), tenha fé, ore, profetize e descanse, o milagre vai acontecer. Ore comigo nesse momento: "Senhor, eu entrego tudo em Suas mãos e descanso, crendo que o Senhor vai operar e o meu milagre vai chegar, e os meus olhos verão, e a minha boca dirá que o Senhor é grande e a Sua benignidade dura para sempre, encha-me de fé e esperança, em nome de Jesus. Amém e graças a Deus!"

“Pois mesmo que eu não veja, Deus está trabalhando. Tudo vai bem, e Ele me dará repouso.”

PASTORA JAK FERREIRA

JANAÍNA BANDEROB MEDEIROS

Casada com o amor da minha vida, Olaf Banderob, mãe do Jonas, do Paulo e do Pedro Felipe. Sou natural de Recife/PE. Residimos na Alemanha há dez anos.

Sou escritora, mentora, capelã, missionária, enfermeira e professora do ensino infantil, amo ler e estudar a Bíblia. Também sou bacharelanda em Teologia e Neurociências.

Através da palavra, da fé e do direcionamento do meu Mestre e melhor amigo, **Jesus Cristo**, superei grandes desafios em meio às lutas e à escassez do deserto. A Bíblia relata em Salmos 78:19: "Será possível Deus preparar uma mesa no deserto?", eu lhes digo que sim, pois sou prova viva de tamanha graça.

Devocional "Olá Mulheres Preciosas"

janaina_medeiros_2020

ola_mulheres_preciosas

+49 (1520) 858-3454

janaina.medeiros.banderob@gmail.com

RECEBENDO **VIDA**
ATRAVÉS DA PALAVRA
VOLUME 2

14 UM TEMPO DE DUPLA HONRA

POR JANAÍNA BANDEROB MEDEIROS

"Quem sabe não foi para **um tempo** como este que você foi **escolhida**?" (Ester 4:14)

Por muitas vezes nos sentimos perdidas, duvidosas na vida, sem entender que somos guiadas por um chamado e direcionadas a viver o sobrenatural do Senhor. Hoje posso dizer que testemunhar sobre a nossa própria vida nos faz refletir e nos traz um encorajamento, uma fé, uma convicção de que tudo está no controle de Deus.

As mulheres da Bíblia sempre foram inspirações para minha vida. As lições deixadas para nós são como tesouros de aprendizados sobre comportamento e posicionamento cristão. Cada leitura bíblica remete-nos ao momento exato do acontecido e traz não só clareza como intimidade com a Palavra e com o Senhor, permitindo assim que possamos trazer todas as ações para a nossa vida diária, não só para os momentos de batalha, mas também os de honra e celebração.

A rainha Ester, mesmo sendo órfã e peregrina numa terra estranha, foi escolhida para viver o ápice da confiança plena em Deus. Por meio de um posicionamento temente a Deus, sábia, alcançou o extraordinário em fé, um milagre e uma salvação para todo o povo.

Não foi apenas a beleza externa, a preparação do corpo físico, os perfumes ou joias que trouxeram a conquista do milagre para Ester, foi o revestimento e a fé em Deus Todo-poderoso. "Reveste-se de força e dignidade, sorri diante do futuro" (Provérbios 31:25).

Ao iniciar esta leitura, desejo que o Espírito Santo ministre ao seu coração tudo aquilo que o Senhor preparou para você neste tempo. Que através da Palavra, sua mente venha a ser destravada, que chaves preciosas sejam liberadas em sua vida e que você seja transformada assim como eu fui. Uma mulher **improvável** para o mundo, mas **escolhida** e restaurada por Deus Pai para um tempo como este. "Os teus olhos me viram a substância ainda informe, e no teu livro foram escritos todos os meus dias, cada um deles escrito e determinado, quando nem um deles havia ainda" (Salmos 139:16).

Maturidade

Nasci em um lar disfuncional. Meu pai, sempre ausente. Minha mãe, que hoje em dia é a minha melhor amiga, muito dedicada e carinhosa, uma mulher de Deus, era apenas uma menina de 14 anos quando teve o primeiro filho, naquela época ela deu o seu melhor. Aos meus 9 anos de idade, eu era órfã de pai vivo, após ter sido, nessa época, abusada sexualmente por ele. Por medo, afastei-me daquele colo que antes era o meu porto seguro. Meus pais se separaram por conta de muitas brigas, físicas e verbais. Meu pai, já falecido, era vítima do alcoolismo.

Fui vítima de bulimia, síndrome do pânico, depressão, exploração doméstica em casas de família e sem direito a estudar por anos, aborto e mais dois abusos sexuais: um aos 14 anos, por um amigo da minha mãe, e outro aos 15, quando tive de trabalhar de empregada doméstica na casa de um advogado, tive que sair de casa por conta do meu padrasto, que me assediava, em uma das tentativas ele estava com uma faca no meu pescoço.

Apesar de tantas feridas e dores, sentia uma força dentro de mim, era a mão de Deus Pai. Lágrimas rolam! Só consegui concluir meus estudos aos 37 anos. Ainda quando criança, criava um mundo imaginário para esquecer a dor, em um castelo com um príncipe, eu carregava algo dentro de mim que me dava a certeza de que tudo aquilo era passageiro e que a minha vida iria mudar. Passei por dois relacionamentos frustrantes e doentios, onde a mentira, a traição, o abandono, os maus-tratos, a fome e até mesmo a violência física e verbal predominavam. No decorrer de todo esse cenário de dor, eu descobri o verdadeiro amor: ser mãe; meus filhos são presentes do céu, meu maior tesouro aqui na terra.

Jeremias 33:3 diz: "Clama a mim e responder-te-ei, e anunciarei coisas grandes". Precisamos aprender que podemos nos conectar a Deus em oração e apresentarmos a Ele todas as nossas dores e necessidades, quer sejam materiais ou espirituais, e no tempo favorável Ele nos responderá e dirá coisas grandiosas que não nos são conhecidas.

Por muito tempo da minha vida, consigo me ver não só pela história de Ester, mas como Sara, Débora, Rute e tantas outras mulheres da Bíblia.

Naquela época, eu ainda era muito nova e não tinha aceitado Jesus, mas gostava de orar e sentia a presença e misericórdia dEle, do Aba Pai.

Hoje, o que doía, os medos, as dores, o desprezo, os traumas, são simplesmente cicatrizes, já não dói mais. Por meio da dor fui gerada para o novo de Deus. Nas áreas mais dolorosas das nossas vidas seremos curadas para curar outras, na área que vencemos no Senhor vamos jorrar em outras e o segredo para a cura é o perdão, portanto, entenda que o perdão é o tratamento para a alma adoecida; contudo, todo tratamento requer tempo, dedicação e persistência, é um processo, entende? Jesus disse: "Vocês ouviram o que foi dito: 'Ame o seu próximo'. Eu, porém, lhes digo: amem os seus inimigos e orem pelos que lhes perseguem" (Mateus 5:27-29).

O lugar pelo qual Deus está guiando você requer novos hábitos, nova mentalidade, novas conexões e desapegos. Assim como Ester, se não estivermos bem-posicionadas naquilo que Deus fala, não cumpriremos o propósito dEle nas nossas vidas. Faça a sua parte; posicione-se, que o impossível Deus fará acontecer.

João 4:13-14: "Jesus respondeu: 'Quem beber desta água terá sede outra vez, mas quem beber da água que eu lhe der nunca mais terá sede. Ao contrário, a água que eu lhe der se tornará nele uma fonte de água a jorrar para a vida eterna'".

Sem ofensas...

Só iremos alcançar e libertar o perdão por meio do alinhamento espiritual, através da Palavra. Amadurecer, espiritualmente falando, é passar da forma imatura de pensar e agir para a forma madura. Em outras palavras, é trocar a mentalidade carnal para a mentalidade de Deus em Sua Palavra.

Existirão distrações no caminho, oposições são uma delas, em que você começa a duvidar e abre brecha. Outra distração é a ofensa, você fica acuada. Não deixe nada ferir sua identidade. Seja convicta de quem é e para que foi chamada. Porém, discirna ofensa de alinhamento, pois seu ego é inflado. Cuidado com as coisas de Deus que não são para você fazer. Só vá a lugares aos quais Deus a levar. Mais secreto e menos ativismo. Revelações de Deus são individuais. Silencie o seu redor e foque no Senhor. Seu chamado não é fruto do seu serviço. Sua hora extra não conta mais.

Em Romanos 12:2 está escrito: "Não se amoldem ao padrão deste mundo, mas transformem-se pela renovação da sua mente, para que sejam capazes de experimentar e comprovar a boa, agradável e perfeita vontade de Deus".

"Agora que sou adulto, **parei de agir** como criança" (1 Coríntios 13:11). Quanto mais uma pessoa é madura, mais ela depende de Deus e menos depende de homens. A maturidade está intimamente ligada ao nível de relacionamento que a pessoa tem com Deus. É claro que, durante a jornada cristã, sempre há espaço para aprender e crescer, por isso, é importante ter humildade para evoluir.

No chão do meu *closet*, em meio à dor, um convite do Pai para um tempo de preparação. Ele me disse: "Filha, estou aprofundando as suas raízes e dando uma nova estrutura, um novo perfume, roupas novas, raízes tão profundas e bem alicerçadas que vento algum, tempestade alguma tirará o seu equilíbrio e postura para um novo tempo como este". Quando mais confiamos e aprendemos a descansar em Deus, mais Ele nos surpreende.

Josué 23:14: "[...] todas as promessas que Yahweh, vosso Deus, fez em vosso favor, nenhuma sem exceção deixou de cumprir-se: tudo o que foi prometido se realizou em vosso favor e nenhuma Palavra do Eterno falhou". Aleluias Jesus! Saiba que as promessas de Deus são algo que Ele sempre mantém, elas nunca falham.

As promessas de Deus não falham

> "Eu vou abrir um caminho no meio do deserto, onde parecia impossível vou criar oportunidades até nos momentos mais difíceis." (Isaías 43:19)

Hoje em dia carrego um cântico nos lábios, resgatada, curada e reconstruída pelo amor e poder da Palavra, tenho filhos benditos, lindos, meus amores, um casamento ungido, estou vivendo os sonhos de Deus, casada com meu príncipe, vivemos debaixo da mão protetora do Altíssimo. Estamos em grande obra e não vamos parar. Josué 25:15: "Eu e minha casa serviremos ao Senhor".

Não desista dos sonhos que o próprio Deus plantou em seu coração, mesmo quando você não puder ver. Confie nEle, porque Ele é fiel e cumprirá tudo o que prometeu. As promessas de Deus são seguras e dignas de confiança. Se Ele prometeu, Ele cumprirá. Quando você se sentir desanimado(a) ou duvidar, volte-se para a Palavra de Deus e encontre conforto nas Suas promessas.

Isaías 66:9 nos afirma que: "Não causarei dor sem permitir que nasça algo novo".

A Palavra salva, cura, liberta e transforma todas as coisas. Quando nos propomos a vivê-la e a guardá-la no coração, o Pai, o Filho, o Espírito Santo vêm habitar em nós!

"Se alguém me ama, guardará minha palavra, e o meu Pai o amará, e nós viremos e faremos nele a nossa morada" (João 14:23).

Sem mais delongas, sugiro a você a leitura do meu livro *O testemunho: jamais foi sorte, sempre foi Deus*, que será lançado agora, em novembro de 2024. Nele, relato com detalhes o agir de Deus e as armas preciosas do céu que irão instruir você a viver o extraordinário que o Senhor já tem separado para você, mulher preciosa!

"Improvável
para o mundo,
mas escolhida e
restaurada para um
tempo como este."

JANAÍNA BANDEROB MEDEIROS

PASTORA KARINE TEWS

Sou Karine Tews, filha amada do Pai, natural de Ampére/PR. Tenho 36 anos, casada há dezenove anos com André Tews e temos dois filhos, Matheus e Davi. Sou mãe atípica de Matheus, que nasceu com glaucoma congênito e vive um milagre diário de visão concedida por Deus.

Pastora na Comunidade Redenção Casa do Pai, em que me é permitido ver a transformação na vida das pessoas e testemunhar o poder do amor e da graça de Deus em ação.

Sou mentora de mulheres e musicista, acredito que o louvor tem o poder de tocar corações e transformar vidas. Também sou empresária e estou cursando Teologia para melhor servir à minha comunidade e cumprir o chamado de Deus para minha vida.

Que este livro inspire e fortaleça sua fé.

pra.karinetews

+55 (46) 99901-8558

karineloditews@gmail.com

RECEBENDO **VIDA**

ATRAVÉS DA PALAVRA

VOLUME 2

15 CONFIE MESMO SEM ENTENDER

POR PASTORA KARINE TEWS

Sempre acreditei nos propósitos de Deus e que, quando estamos alinhados com a vontade do Pai, não existe acaso, apenas propósito. Minha própria vida é um testemunho vivo disso. Eu não fui planejada por meus pais e cheguei em um momento improvável, surpreendendo minha mãe. Ela ouviu de pessoas próximas para abortar ou dar-me para adoção, mas ela decidiu confiar em Deus e veio para Ampére/PR, onde minha avó nos acolheu com amor.

Desde cedo, cresci rodeada de muito amor, muita dedicação e muita fé. Desde os meus 3 anos, minha mãe conduziu a mim e minha irmã Kassia nos caminhos do Senhor Jesus. Sou imensamente grata a Deus por essa decisão dela, que impactou e transformou minha vida de maneira única. O que vivo hoje é reflexo de seu posicionamento de fé, amor e perseverança.

Minha mãe, uma mulher de fé inabalável, sempre acreditou nos planos de Deus e nos ensinou a fazer o mesmo. Ela nos mostrou que, quando confiamos plenamente em Deus, Ele nos guia em cada passo do caminho, mesmo quando tudo parece incerto e desafiador.

Minha jornada de vida tem sido repleta de desafios. Um dos momentos mais difíceis foi quando nosso filho Matheus nasceu com glaucoma congênito nos dois olhos. Enfrentamos inúmeras cirurgias e momentos de incerteza, mas sempre vimos o agir poderoso de Deus em cada detalhe, proporcionando-nos orientação, provisão e proteção.

Os primeiros dias após o diagnóstico de Matheus foram extremamente desafiadores. Ele tinha apenas 15 dias e foi necessário ir para Curitiba para que ele pudesse receber o tratamento necessário. Suas duas primeiras cirurgias foram realizadas quando ele tinha apenas dois meses de vida, e até os 5 anos ele já havia passado por onze cirurgias.

Durante esse período, minha fé foi testada de maneiras que eu nunca imaginei. Houve momentos em que eu me sentia completamente esgotada e incapaz de continuar. No entanto, sempre que eu estava prestes a desanimar, sentia a presença de Deus me fortalecendo e renovando minhas forças. Louvo a Deus pela vida de meu esposo André, que sempre foi presente em todos os momentos de minha vida, isso também me deu muita força e coragem durante a caminhada, provando que Deus não une pessoas, mas sim propósitos. Nosso filho vive um milagre diário de visão concedida por Deus.

Oito anos depois, nasceu nosso filho Davi, um presente de Deus nascido no mesmo dia e mês que Matheus, simbolizando um novo começo, cheio de significado. A escolha entre me vitimizar ou avançar tornou-se clara: optei por avançar nos sonhos de Deus para minha vida. Aprendi que cada estação da vida tem um propósito determinado por Deus, e que seguir Sua vontade requer sacrifício e renúncia.

A Bíblia fala sobre a vida de Davi, um jovem improvável, mas com um coração ensinável, ela nos ensina que passaremos pelo tempo da preparação antes de derrubarmos os gigantes em nossas vidas. Ele enfrentou o desprezo de seus irmãos e do próprio gigante, pois sabia quem ele era e confiava no poder de Deus. Assim como Davi, aprendi que Deus usa nossas vidas de maneiras surpreendentes, independentemente da simplicidade do que temos em mãos.

A história de Davi sempre me inspirou. Ele era o mais jovem de seus irmãos, considerado insignificante por muitos. No entanto, ele foi escolhido por Deus para uma grande missão. Davi enfrentou desafios enormes, desde lutar com leões e ursos enquanto cuidava das ovelhas de seu pai até enfrentar o gigante Golias. Mas o que diferenciava Davi era sua fé inabalável em Deus.

Davi sabia que, por maior que o desafio fosse, Deus estava com ele. Ele não confiava em sua própria força, mas na força do Senhor. Isso é algo que todos podemos aprender. Quando enfrentamos desafios em nossas vidas, podemos confiar que Deus está conosco e nos dará a força e a sabedoria de que precisamos.

Durante minha jornada, muitas vezes me senti como Davi, enfrentando gigantes em minha vida. Cada cirurgia de Matheus era um gigante. Cada momento de medo e incerteza era um gigante. Mas, assim como Davi, eu sabia que Deus estava comigo e que Ele me daria a força para superar qualquer obstáculo.

Além disso, a vida de Davi nos ensina a importância de estarmos preparados. Antes de enfrentar Golias, Davi passou anos cuidando das ovelhas de seu pai e enfrentando perigos no campo. Esse tempo de preparação foi crucial para que ele estivesse pronto para a batalha com Golias. Da mesma forma, os desafios que enfrentamos na vida muitas vezes nos preparam para algo maior.

No meu caso, os desafios que enfrentei com a saúde de Matheus, juntamente com meu esposo, prepararam-me para ser um instrumento nas mãos do Senhor para levar sua palavra a tempo e fora de tempo, pois, sim, mesmo nos momentos em que estávamos com o Matheus em cirurgia ou em tratamento, Deus proporcionava oportunidades de levar Sua palavra e transbordar Seu amor, apesar da situação que estávamos vivendo. Cada experiência difícil fortaleceu-me e ensinou-me lições valiosas sobre fé, perseverança e confiança em Deus.

Gostaria de compartilhar algumas lições importantes que aprendi:

- **Perseverança:** por mais que gerar um testemunho doa, persevere, pois muitas pessoas receberão vida por meio dele.

  2 Coríntios 1:4: "Ele nos consola em todas as nossas tribulações, para que, com a consolação que recebemos de Deus, possamos consolar os que estão passando por tribulações".

- **Direção divina:** não se mova por aplausos, mas pela direção do coração do Pai.

  Gálatas 1:10: "Acaso busco eu agora a aprovação dos homens ou a de Deus? Ou estou tentando agradar a homens? Se ainda estivesse procurando agradar a homens, não seria servo de Cristo".

- **Ação:** apenas ouvir a direção de Deus não nos leva a lugar algum; precisamos nos posicionar e avançar.

  Tiago 1:22: "Sejam praticantes da palavra, e não apenas ouvintes, enganando-se a si mesmos".

- **Tempos e estações:** viva as estações de sua vida de forma única, pois o tempo de Deus é perfeito.

  Eclesiastes 3:1: "Para tudo há uma ocasião certa; há um tempo certo para cada propósito debaixo do céu".

- **Autenticidade:** não viva no automático, pois isso fará você apenas sobreviver.

> Portanto, vede prudentemente como andais, não como néscios, mas como sábios, remindo o tempo, porquanto os dias são maus. Por isso, não sejais insensatos, mas entendei qual seja a vontade do Senhor. (Efésios 5:15-17)

- **Chamado superior:** o chamado de Deus é sempre maior do que podemos imaginar, pois tem a ver com o que Ele fará por meio de nossas vidas.

> Mas ele me disse: 'Minha graça é suficiente para você, pois o meu poder se aperfeiçoa na fraqueza'. Portanto, eu me gloriarei ainda mais alegremente em minhas fraquezas, para que o poder de Cristo repouse em mim. (2 Coríntios 12:9)

- **Foco:** cuidado para não se distrair na caminhada, pois distrações podem distanciar você do que Deus sonhou para sua vida.

> Portanto, também nós, uma vez que estamos rodeados por tão grande nuvem de testemunhas, livremo-nos de tudo o que nos atrapalha e do pecado que nos envolve, e corramos com perseverança a corrida que nos é proposta, tendo os olhos fitos em Jesus, autor e consumador da nossa fé. (Hebreus 12:1-2)

- **Renúncia e promessa:** por trás do cumprimento de uma promessa, existem renúncias.

  Lucas 14:33: "Assim também, qualquer de vocês que não renunciar a tudo o que possui não pode ser meu discípulo".

- **Confiança**: confie mesmo sem entender, pois o tempo de Deus é perfeito.

> Pois os meus pensamentos não são os seus pensamentos, nem os seus caminhos são os meus caminhos, declara o Senhor. Assim como os céus são mais altos do que a terra, também os meus caminhos são mais altos do que os seus caminhos e os meus pensamentos mais altos do que os seus pensamentos. (Isaías 55:8-9)

Essas lições me ajudaram a superar os momentos mais difíceis da minha vida e a encontrar força e esperança mesmo nas situações mais desafiadoras. Elas me lembram de que, independentemente das circunstâncias, Deus está no controle e tem um plano para nossas vidas.

A história de Davi também nos ensina sobre a importância de um coração ensinável. Davi estava disposto a aprender e crescer, mesmo nas situações mais difíceis. Ele não permitiu que o desprezo de seus irmãos ou os desafios que enfrentou o desencorajassem. Em vez disso, ele confiou em Deus e se permitiu ser moldado por Ele.

Da mesma forma, precisamos estar dispostos a aprender com nossos desafios e a permitir que Deus nos molde por meio deles. Às vezes, isso significa enfrentar nossos medos e vulnerabilidades e permitir que Deus nos cure e nos fortaleça.

Convido você a refletir sobre sua própria vida e a considerar como Deus pode estar usando suas experiências e desafios para prepará-lo(a) para algo maior. Talvez você esteja enfrentando um gigante em sua vida agora mesmo. Lembre-se de que, assim como Davi, você não está sozinho(a). Deus está com você, e Ele lhe dará a força e a sabedoria de que precisa para vencer.

Sabe, às vezes, quando tudo parece incerto e confuso, é normal sentir-se perdido(a) ou ansioso(a). Mas eu quero lembrar a você de algo muito importante: em momentos como esse, entregue sua confiança a Deus. Mesmo que as coisas não façam sentido agora, Ele tem um plano superior e perfeito para sua vida. Seus caminhos são muito melhores do que os nossos, e Ele cuida de cada detalhe, mesmo quando não conseguimos enxergar claramente. Essa confiança em Deus traz uma paz profunda e uma esperança genuína, porque sabemos que não estamos sozinhos(as) nessa jornada. Ele está ao nosso lado, guiando-nos e cuidando de nós, mesmo nos momentos mais difíceis.

Confie nEle, pois Ele sabe o que é melhor para você.

Que minha jornada e as lições que aprendi possam renovar sua fé e trazer esperança para o seu coração. Confie plenamente em Deus e permita que Ele conduza cada passo do seu caminho. Ele tem um plano maravilhoso para sua vida, e, se você confiar nEle, Ele fará coisas incríveis por meio de você.

Que Deus abençoe sua vida, um grande abraço!

“Nos momentos de incerteza, entregue sua confiança a Deus, pois Seus caminhos são infinitamente melhores que os nossos.”

PASTORA KARINE TEWS

PASTORA KÁTIA ANGÉLICA

Sou Kátia Angélica, casada com o pastor Leonardo há trinta anos, o qual é meu maior incentivador. Temos três filhos: o Leonardo Junior, a Priscila e o Bernardo.

Sou pastora desde 2004 na Igreja Ministério Peniel, uma família que Deus me colocou, um ministério voltado para famílias, mulheres e formação de líderes. Sou apaixonada pela palavra de Deus, amo a Bíblia, uma voz que tem impactado esta geração.

Sou escritora, educadora, terapeuta cristã e corredora.

pra_katia

leoasparaoreino

penielchurch12

Pastora Kátia Angélica

RECEBENDO **VIDA**

ATRAVÉS DA PALAVRA

VOLUME 2

16 UMA MÃE LEOA

POR PASTORA KÁTIA ANGÉLICA

No começo do ano de 2020, pouco antes da pandemia, eu estava na casa da minha mãe, no interior, resolvi passar um tempo lá para acompanhar uma construção. Com quase um mês que eu tinha ido, meu esposo ligou: "Vem embora porque a Priscila (minha filha de 23 anos, na época) não está bem, ela não sai do quarto, não come".

Retornei, conversamos e nada adiantou, achávamos que não era nada, que ela iria melhorar. Passaram-se alguns dias e assim continuou, vimos que precisávamos fazer algo, ela estava muito fraca, não conseguia se levantar. A levamos para o hospital e, ao examiná-la, o médico disse que possivelmente estava com desnutrição e desidratação, ela foi para o soro. Questionamos se não seria melhor internar e o médico disse que não poderia obrigá-la a ficar se não quisesse. Enfim, voltamos para casa e o quadro piorou.

Comecei a orar, jejuar, fazer campanha em casa, continuamos pelejando, o tempo passando e nada. Um dia, a chamei e ela não respondeu, desci ao quarto e ela não conseguia se levantar; chamei meu marido, falei para levarmos ao hospital, pois como ela estava certamente morreria. Meu esposo a pegou no colo, colocou-a no carro e levamos para outro hospital, na cidade vizinha. Chegando lá, o médico disse que a internaria, pois nas condições em que ela estava não poderia decidir nada, seria um risco mandá-la de volta para casa, também a encaminhou para um psiquiatra.

Assim começou um longo percurso de tratamentos, terapias e internações. O diagnóstico foi depressão aguda e o processo foi longo, ela sempre resistindo ao tratamento. Veio a pandemia e o quadro agravou-se mais, ela se tornou agressiva, nos afrontava muito, principalmente a mim, falava coisas que ninguém acreditava, não tinha quem a fizesse tomar os remédios, um desgaste enorme que só quem passa sabe como é. Um dia, eu disse a Deus: "Se o Senhor não fizer algo, eu não darei mais conta!".

Várias pessoas foram até nossa casa orar por ela, conversavam e nada, os dias em que aceitava o tratamento ficava bem, mas logo achava que não precisava mais, que já estava boa, parava tudo e assim foi, com recaídas ainda piores.

No dia 9 de setembro de 2020, estávamos tomando café, todos conversando, eu, meu esposo e meu filho caçula, tinha sido festa do aniversário da igreja. De repente, ouvimos um estrondo lá do quarto, descemos correndo, ela tinha jogado uma tv grande no chão, nem sei como conseguiu, pois estava fraca. Virou um desespero, ela estava em surto, nada do que dizíamos adiantava. Liguei para uma amiga pastora, ela disse para a levarmos ao hospital psiquiátrico em Franco da Rocha, pois um hospital normal não trataria desses casos. Eu não sabia mais para onde correr, fui chorando até lá, nem entrei no consultório, não conseguia. Depois, o médico me chamou e disse: "Olha, mãe, é melhor para ela ficar uns dias aqui, para a tirarmos do surto psicótico, ela vai precisar de medicação venal para voltar à consciência novamente e seguir com tratamento". Levaram-na gritando, quase numa camisa de força e eu, mãe, fiquei despedaçada, fui embora chorando, trabalhava chorando, ela ficou sete dias internada. Todos os dias meu esposo ia lá, nos primeiros dias não o deixaram entrar, havia o surto da covid-19, era muito complicado. Enfim, ela teve alta e voltou para casa, começou o tratamento oral, estava ótima; passaram-se umas semanas e vieram as crises novamente, o tratamento era longo, mas ela não queria continuar, ficou pior do que antes e isso durou mais de três anos, com mais três internações.

Tiveram períodos em que achei que ela iria morrer, afundava-se diante dos nossos olhos e nós nos sentíamos impotentes, pois não conseguíamos fazer nada. Ela estava magra demais, muitas vezes saía de casa desorientada para a rua, chegou ao ponto em que eu não tinha mais o que fazer a não ser confiar em Deus.

Nesse período, precisei aprender sobre o estoicismo, que nos ensina a manter a mente calma e racional independentemente do que aconteça, a cuidar da mente, concentrar-se naquilo que podemos controlar e não se preocupar, aceitar o que não podemos controlar. É a tal paz que excede todo entendimento, que Jesus diz para buscarmos, é você descansar, aquietar sua alma e saber que Ele é Deus, ainda que tudo esteja um caos, Ele está no controle de tudo. É você ter resiliência em meio às pressões da vida. Quando nossa mente é afetada, logo nosso físico também é afetado.

Em um dos surtos dela, passei tão mal que meu esposo precisou me levar ao hospital, cheguei lá com a pressão alta, diabetes que eu nem tenho estava em trezentos e pouco, arritmia, a ponto de um infarto. A enfermeira disse que faltou pouco para eu infartar. Assim foram esses anos e minha busca incansável diante de Deus, o porquê de tudo aquilo. Uma das minhas maiores crises foi o sentimento de culpa que tive que trabalhar, tive que perdoar a mim mesma.

Não carregue esse sentimento, é pesado demais, a culpa mina nossas forças; eu estava assim, sem forças para continuar, o inimigo é nosso acusador, mas Jesus é quem tira nossa condenação. Minha filha sempre serviu na igreja, no ministério de louvor e dança, uma adoradora e agora nessas condições! Comecei, na minha maior dor, a entender que para tudo Deus tem um propósito, Ele começou a ministrar: "Cuide de você, porque se você adoecer, como vai ser?". A pessoa que lida com um adicto, que é alguém com problema comportamental de vício ou psiquiátrico, é afetada diretamente, é codependente e acaba, pelo desgaste, adoecendo tanto ou mais que a pessoa cuidada. Comecei a cuidar de mim e buscar entender o propósito daquilo tudo.

Foi quando a corrida entrou na minha vida e também a conferência das Leoas, em 2021, por meio do sonho da minha amiga Bete Assis, porque nada se identifica mais com uma mãe do que uma leoa. Deus me deu uma palavra sobre uma mulher chamada Rispa, na época da minha maior aflição, e essa mulher tornou-se uma inspiração para mim.

Em II Samuel 21:8-10, lemos sobre uma mãe que, mesmo com os filhos mortos, não desistiu de lutar por eles, quem dirá uma mãe por um filho vivo. Rispa, uma referência de garra e força, estendeu uma tenda na rocha para ficar de vigia aos corpos dos filhos para não serem comidos pelas aves e bichos. O que eu aprendi com essa mulher? A perseverança de uma mãe leoa que não desiste de clamar por seus filhos, dia e noite, por sua família, ela lutou para preservar a sua descendência. A Bíblia fala que aquele que firma sua casa na rocha não será abalado (Mateus 7:24-25), essa mulher permaneceu inabalável diante de uma situação tão trágica! Essa palavra me sustentou e tem me sustentado.

Toda causa tem um efeito, uma mãe "indesistível" mesmo na dor, no luto, continuou lutando. Fui me aprofundando na história dela e me identificando com ela, eu tinha uma filha viva, mas que parecia morta. Vejo muitas mães, verdadeiras leoas! Como Deus compreende a aflição de uma mãe! Só Ele mesmo, quando viu seu filho em agonia, mesmo sendo Deus, em toda sua soberania e poder não suportou, "virou o rosto e Jesus disse: *Eloí, Eloí, lemá sabactani*? Deus meu, Deus meu, porque me desamparaste?" (Marcos 15:34). Comecei a compreender que passamos por fases na vida, estações, algumas melhores, outras nem tanto, mas todas agregam algo. São nas estações mais difíceis que crescemos e aprendemos, a estação do inverno é difícil, muitas vezes traz tristeza, solidão.

Em Gênesis 8:22, Deus fala que enquanto durar a terra, as estações vão existir. Uma estação tem começo e fim e precisamos nos preparar para enfrentar isso; ninguém nunca está preparado para uma doença, para uma perda, quando Deus começa a trazer algo específico é porque algo novo Ele quer fazer, precisamos continuar crendo.

Sabe a importância dessa estação? Descobri que as árvores ficam sem folhas, "feias" e aparentemente mortas, mas estão passando por um processo interno que ajuda a mantê-las vivas durante o inverno. Com a diminuição das horas de luz, acontece com as plantas o que os biólogos chamam de "estresse ambiental", que pode ser considerado uma adaptação necessária para que elas consigam sobreviver e **superar** o inverno. Isso é essencial para o desenvolvimento de algumas espécies. Nesse período ainda, elas produzem hormônios que ficam armazenados no caule e na raiz para que elas tenham nutrientes suficientes para florescer na primavera.

O inverno tem sua importância, sem ele não haveria as flores, são nos momentos mais difíceis que experimentamos as melhores experiências com Deus. Quero lhe dizer que no inverno mais rigoroso é que, muitas vezes, conhecemos o Deus de verdade. Um exemplo está em Jó 42. Jó, no seu pior inverno, teve sua maior experiência. Permita-se ser curado, a ferida é curada, porém as cicatrizes ficam.

Ainda que ninguém se importe com o que você tem, invernos em que será só você e Deus, há pessoas que não vão compreender, vão até lhe deixar, mas isso é para que você saiba que Ele é suficiente. Todos passamos pela dor, o importante é saber lidar com o processo de cura, decidir pela restauração, o perdão. Deus tem poder para nos curar, pelas Suas pisaduras fomos sarados, pelo sacrifício no calvário fomos alcançados, Ele sabe o que é sofrer, a missão dEle é reconstruir e curar corações feridos!

O Senhor tem recomeço, ainda que a gente não entenda tudo, entenda o necessário, nossas cicatrizes são memórias, nas histórias de superação a marca fica, a dor vai embora. Jesus nunca escondeu Suas cicatrizes, sua maior dor será seu maior testemunho, onde mais doeu é onde você mais será usado.

O seu Neguebe vai florescer, assim foi com outra mulher da Bíblia: Acsa (Juízes 1:15). Creia, Deus vai fazer seu deserto florescer, seu inverno vai se transformar em primavera! Meu lema durante esses anos que aprendi com a corrida e tudo que tenho vivido, é: **não é o percurso que fica mais fácil, somos nós que ficamos mais resistentes**.

Minha filha continua em tratamento, a fase crítica passou e ela está melhorando a cada dia. Uma vez eu ouvi do médico que ela nunca teria uma vida normal, mas o diagnóstico do homem não é o veredito final, a última palavra quem dá é Deus e eu creio que a obra de Deus é perfeita e completa.

Eu sou uma mulher de garra, uma **leoa** em Deus!

Algumas das frases que me inspiram de homens e mulheres de Deus como eu e você, são estas do livro de Edino Melo (2022):

"Ao longo dos anos me voltei para a Bíblia e encontrei tudo o que precisava." (Ruth Graham)

"Não há abismo que a mão de Deus não possa alcançar." (Corrie Ten Boon)

Referência

MELO, Edino. **Mulheres generais de Deus**. 2. ed. Curitiba: VEM Comércio de Livros e Palestras, 2022.

"Não é o percurso que fica mais fácil, somos nós que ficamos mais resistentes."

PASTORA KÁTIA ANGÉLICA

LILIA CLEIDE

Olá! Sou Lilia Cleide, natural de Moçamba/CE, Brasil. Resido na Alemanha, sou casada com Claudio Sellari e temos três lindos filhos: Gianni, Christian e Johannes.

Pela misericórdia do Senhor, sou a idealizadora deste lindo projeto, já participei de outros lindos projetos como coautora, e para a glória de Deus estamos no segundo livro de *Recebendo vida através da Palavra*. Quero dedicar esta obra ao meu fiel amigo Espírito Santo, que tem me conduzido até aqui.

Sou membra da AD Brás, em Itapevi/SP, pastoreada pelo Pastor Samuel J. Marques e pela Pastora Ana Mirian F. Marques.

Quero trazer, neste capítulo, que é no cenário da impossibilidade que Deus revela o Seu poder, e que as circunstâncias difíceis não são para nos paralisar, mas para nos colocar na rota da nossa vitória.

lilia_cleide

17 MUDANDO DECRETO

POR LILIA CLEIDE

Querido(a) leitor(a), peço ao Espírito Santo que, enquanto você estiver lendo este livro, Ele gere vida de dentro para fora, que você receba renovo e os seus ouvidos estejam sensíveis à voz do Senhor, pois Ele irá falar com você através da vida de cinco mulheres que deixaram um grande legado e grandes lições para a nossa vida.

No livro de Números 27:1-1, iremos abordar a história das filhas de Zelofeade. O livro de Números é considerado o livro do deserto. Zelofeade, filho de Hefer, pertencia ao clã de Manassés, Zelofeade morreu no deserto e não tinha filhos homens (Números 26:33), ele tinha cinco filhas: Macla, Noa, Hogla, Milca e Tirza.

Elas estavam vivendo um momento bem desafiador na vida delas, passando pela dor do luto e, agora, estavam prestes a perder a herança do pai, tudo isso porque o pai faleceu e não deixou filhos homens para serem herdeiros. Filhas, naquela época, não eram herdeiras de seu pai, elas recebiam um dote quando se casassem, mas as terras e outros bens eram divididos entre os filhos homens. Se não houvesse filhos, sua propriedade passaria para seu parente mais próximo, correndo o risco do nome do pai delas ser apagado da memória de seu povo, como elas relatam. Mas, o que me chama a atenção é que essas mulheres não ficaram estagnadas, murmurando, lamentando aquela situação, elas se levantaram, mesmo em meio à dor, em meio a perdas; elas não aceitaram um futuro que as levaria a viver totalmente dependentes de parentes.

Às vezes o cenário irá nos obrigar a nos posicionarmos, foi assim que um decreto foi mudado; a lei instituída, tradicional, as excluía, mas sobre elas repousava uma promessa, elas herdariam aquela terra (Números 14:31, NVI); elas não estavam apenas requerendo uma propriedade que pertencia a seu pai, elas estavam solicitando aquilo que havia sido prometido.

Esse foi o primeiro exemplo nas Escrituras de mulheres pleiteando os seus direitos diante dos juízes e líderes da nação, elas chegam e se prostrar (Números 27:2, NVI). Prostrar significa reverência e submissão, elas reconheceram as autoridades que estavam sobre elas, mas o coração delas estava prostrado diante do Deus de Israel, o único que poderia revogar aquele decreto e aquela situação. Essas mulheres eram tementes, essas mulheres conheciam o Deus que serviam e vivenciaram os milagres no deserto, elas sabiam que Deus não as deixaria naquele momento de tamanha fragilidade.

Quando Moisés apresenta diante do Senhor a causa delas, o Senhor fala que as filhas de Zelofeade têm razão (Números 27:5-7, NVI), elas estavam sofrendo a ausência do pai terreno, mas receberam intervenção do Pai celestial. O Senhor não negará bem algum aos que andam na retidão (Salmos 84:11b). Aprendemos com elas que por mais que o cenário não esteja favorável, isso não é motivo para ficarmos paralisados diante deles, elas reagiram e enquanto elas reagiam aqui na terra, o Céu já tinha decretado a sua vitória. Deus é nosso Pai, um Pai que nunca se ausentou, que nunca foi indiferente à nossa dor, Ele é especialista em mudar cenários desvantajosos.

Caro(a) leitor(a), você é filho(a) amado(a) do Senhor, ser ousado nos leva a viver grandes milagres, o inconformismo delas mudou o futuro das gerações que viriam, que passariam a mesma situação, sem pai, sem irmãos e sem direitos (Números 27:8 NVI).

Às vezes, agarramos tanto as nossas dores que temos dificuldade de crer que ainda que estejamos no deserto, estamos debaixo de uma promessa, de uma palavra, uma palavra que saiu da boca do Senhor, que é fidelíssimo. Agora, nós vamos aprender com a confiança de Macla, com Noa, a persistente e incansável, e Hogla, que não deixou as circunstâncias lhe amarrarem nem lhe paralisarem, juntamente com Milca, cheia de autoridade, e Tirza, que se deleitava no Senhor. Elas avançaram, mesmo com tudo contra elas, nada parecia estar a favor delas, elas foram e voltaram debaixo de um novo decreto, de uma nova lei, saíram com posse da sua vitória. A decisão divina estabeleceu um precedente, as mulheres poderiam herdar na ausência de filhos homens.

E você? Está disponível a viver o que você nunca viveu? Está disponível a crer no meio dessa circunstância? Está disponível a colocar o seu pé, crendo que Deus já colocou o chão para você pisar? Você precisa entender que o seu posicionamento move a mão de Deus, e, é a mão de Deus que muda decretos, não é na força do seu braço, é na posição dos seus joelhos, o seu posicionamento vai alcançar a sua geração, alguns obstáculos às vezes viram oportunidade para exercer a sua fé.

Quando você se encontrar totalmente no meio do deserto, lembre-se, este é o cenário perfeito para você viver milagres, para você ver a mão poderosa do Senhor trabalhando em seu favor. Quando José foi parar no poço por causa da inveja dos seus irmãos e logo depois foi vendido, os seus irmãos acharam que tinham acabado com os seus sonhos, eles não entenderam que foram pontes para os sonhos se realizarem na vida de José; o jovem José foi parar no Egito e foi lá, na terra que não era sua, uma terra desconhecida aos olhos de José, mas conhecida aos olhos do Senhor, que o Senhor sabia que José daria conta de passar por todos os processos, e Deus realizou coisas tremendas na vida dele. Apesar de tudo que passou, José continuou sendo fiel a Deus, aí está o segredo que muda os cenários na nossa vida: ser fiel ao Deus da promessa, Deus não precisa de cenários favoráveis para cumprir o que nos prometeu, Ele quer um coração disponível, que mesmo no meio da dor, do abandono, da calúnia, das mentiras, das dificuldades, das perdas, continuemos crendo que Ele vai cumprir o que prometeu.

Então, caro(a) leitor(a), traga à memória aquilo que lhe dá esperança (Lamentações 3:21-24), à medida que você se lembrar do que Deus já fez, você lembrará quem Deus é e, lembrando quem Deus é, e sobretudo o que Ele já fez na sua vida e através da sua vida, você vai entender que Ele é poderoso para fazer de novo.

As filhas de Zelofeade sabiam quem era Deus, elas conheciam o poder deste Deus, por conhecer o Deus terrível que tirou o seu povo do Egito de maneira terrivelmente assombrosa, elas viveram o que outras mulheres por aceitarem aquela situação nunca viveram, elas viveram o que outras mulheres por falta de posicionamento nunca viveram, mas, por causa do posicionamento delas, outras viveriam. O seu posicionamento o(a) tira da rota do fracasso. É normal passarmos por perdas em geral, o que não é normal é deixarmos que a dor seja maior que o propósito, a dor revela quem somos, mas o propósito revela quem Deus é, a dor é o meio e não o obstáculo, o Senhor não causaria dor sem permitir que nascesse algo novo. A dor e a preocupação dessas mulheres fizeram elas gerarem novas oportunidades, mesmo vivendo um processo de perda.

Isaías 66:9 diz: "Abriria eu a madre e não geraria, diz o Senhor; geraria eu e fecharia a madre? — diz o teu Deus". As filhas de Zelofeade passaram por tudo isso, mas geraram dentro do deserto uma mudança de vida e não foram só elas beneficiadas, mas todas as outras gerações, elas suportaram as provações e foram aprovadas. Entenda que a sua ação ousada não resultará em fracasso, deserto não anula a promessa, porém, a falta de ação é capaz de anular heranças e promessas que sejam suas por direito. Para vivermos as promessas de Deus requer esforço, esforço para sair da zona de conforto, esforço para ir além dos nossos limites, não devemos ter medo, o medo anula a fé. Lembra-se dos discípulos quando estavam enfrentando uma tempestade? O medo os fez acharem que iriam perecer, esquecendo que Jesus estava com eles no barco, o medo faz isso, nos impede de ver que Jesus está conosco todos os dias, é uma promessa, e olhando para essa promessa que temos que nos levantar e avançar, não é tempo de olhar para trás, não é tempo de retroceder.

Eu não sei qual é a sua situação agora, mas eu sei que o mesmo Deus que mudou a lei para abençoar Macla, Noa, Hogla, Milca e Tirza é o mesmo Deus que o(a) convida a reagir e confiar que Ele permanece no controle da sua vida, não há nada que Ele não possa fazer, Ele estabeleceu os céus, Ele fez a terra pelo Seu poder, Ele estabeleceu o mundo por Sua sabedoria. Este mesmo Deus o(a) ama e cuida de você, da sua casa, da sua família, do seu ministério, Ele cuida nos mínimos detalhes, Ele não errou quando chamou você, Ele não errou quando falou que era com você, Ele não errou quando escolheu você para viver propósitos que mudariam não só a sua vida, mas a vida de outras pessoas.

Seja o instrumento para que outras vidas sejam alcançadas através do seu sim para os propósitos de Deus Pai, Ele já sabia que essas mulheres mudariam a história através da dor. Deus conhece o seu coração, Ele sabe bem do que você precisa, só se posicione, leve diante de Deus as suas petições. Lembra-se que as filhas de Zelofeade foram diante de Moisés? E Moisés levou diante de Deus, e o Senhor aprovou o pedido delas. Hoje, através da sua oração, você pode levar diante de Deus a sua petição, Deus tem coisas grandes e firmes preparadas para você, acesse!

Caríssimo(a) leitor(a), eu termino este capítulo convidando você a confiar na Palavra do Senhor, Ele não mente, não há variação nem sombra de mudança em suas palavras. A Bíblia diz que a Palavra de Deus é verdadeira, pura, ela é reta, é absolutamente confiável, ela é eterna e firmada no céu, divinamente inspirada, ela é perfeita, mais valiosa do que qualquer soma em ouro ou prata, ela é doce ao paladar. Então confie! Deus o(a) abençoe.

"No cenário da impossibilidade, Deus vai fazer você gerar e Ele manifestará o Seu poder. Posicione-se!"

LILIA CLEIDE

LUCIANE LAPROVITA

Luciane Laprovita Ferraz, filha do Abba Pai, esposa do Nilton Ferraz, é mãe de Caio, Daniel e Benjamyn, sogra da Ana Beatriz e avó da Laura.

Pedagoga, psicopedagoga e escritora. Uma improvável alcançada pela graça de Deus. Uma das maiores características é ser boa ouvinte. Seu testemunho de vida e a disponibilidade em ouvir têm alcançado muitas mulheres, e por meio de sua simplicidade tem sido um instrumento nas mãos de Deus para restauração de vidas.

Agradeço ao meu amado Senhor Jesus, que por Sua graça e misericórdia trouxe cura à minha casa. Aos meus pais, Jorge e Tereza, meus intercessores fiéis. A todas as pessoas que moveram orações e palavras de força na espera do milagre, o meu sincero muito obrigada.

"Não a nós, Senhor, nenhuma glória a nós, mas, sim, ao Teu nome, por Teu amor e por Tua fidelidade!" (Salmos 115:1, KJA)

lucianelaprovita

Luciane Laprovita

RECEBENDO **VIDA**

ATRAVÉS DA PALAVRA

VOLUME 2

18 O CAMINHO DO MILAGRE

POR LUCIANE LAPROVITA

Em minha caminhada com Cristo, sempre amei ler sobre os milagres que Ele operava, como Ele agia em cada situação. Algumas vezes o milagre se dava de forma imediata por toque, palavra liberada, outras vezes Ele levou algum tempo para chegar ao lugar e manifestar o Seu poder. Em todas, Ele sempre desejava ensinar algo, especialmente sobre fé e confiança. Milagre é algo extraordinário, inexplicável, foge da compreensão humana, é a intervenção sobrenatural de Deus.

É comum passarmos por situações difíceis, por momentos em que a circunstância quer roubar a esperança. Em 2021, o Senhor me disse que iria remover a fé emotiva e me dar uma fé sobrenatural. Ele sabia o que eu enfrentaria naqueles dias.

A pandemia da covid-19, que ainda assolava o mundo, levando milhares de pessoas à morte, chegou até minha família. Meu esposo, Nilton, contraiu a variante da doença em São Paulo, onde estava trabalhando. Ele retornou para casa, pois precisava de repouso e cuidados, o que não teria hospedado em um hotel.

Aqui se iniciou o caminho para o milagre. Após uma semana em casa e medicado, ele piorou e precisou ser hospitalizado. O quadro era grave e inspirava cuidados, pulmões comprometidos, sangue coagulando, precisava ser entubado, porém, o hospital passava por uma crise e não havia o recurso para fazê-lo.

Deixei-o no hospital e não recebi expectativas de que ele retornaria para casa com vida. Quando os recursos humanos faltam, os recursos divinos nos sustentam. Corri para os pés de Jesus, prostrei-me diante dEle e clamei por um milagre. Retornando ao hospital para ter notícias, enquanto aguardava, fiz uma oração a Deus, disponibilizando-me caso Ele quisesse usar minha vida para falar com alguém. As pessoas se aproximavam de mim e começavam a contar qual familiar estava internado ali e qual era a situação, o choro pela aflição de não poder entrar para visitas, por conta da covid-19. E Deus foi me dando palavras de conforto para aquelas pessoas, e eu dizia a elas: "nós não podemos entrar, mas Jesus pode, Ele não precisa de autorização dos homens para entrar lá e operar um milagre", ali eu orava por elas.

Cristo estava gerando em mim uma fé sobrenatural. Nesse momento, muitos amigos e irmãos em Cristo estavam sabendo da internação. Ao chegar em casa, recebi telefonemas de pessoas dizendo conhecer alguém que trabalhava no hospital e que me passariam informações. Em poucos minutos, recebi fotos do Nilton. Naquele instante, ouvi Jesus dizer: "Filha, eu entro onde você não tem autorização para entrar, e faço o que você não pode fazer!". Deus renovara em mim uma fé inabalável, que nos leva a crer em meio à desesperança, crer quando ninguém acredita, crer quando a morte jaz à nossa porta, crer quando os recursos faltam.

Os dias se passaram e Nilton não apresentava melhoras, não tinha expectativa de alta, porém eu caminhava com Jesus e cria no milagre. Era dia 1º de maio, fui ao culto dirigido por uma pastora conhecida em Queimados/ /RJ, onde contei o testemunho por escrito de como Jesus havia me curado da depressão, terminei dizendo que meu esposo estava internado sem expectativa de alta, porém, eu tinha fé que retornaria ali e testemunharia do milagre na vida dele. Uma pastora iniciou sua pregação lendo em hebraico:

׃ךילא ןתא רשא תדעה תא ןראה ־לא תתנו

"E colocarás na arca o testemunho que eu te darei." (Êxodo 25:16)

Era Deus me respondendo. Em meio ao decreto de morte, a fé aproximou-me ainda mais de Deus e Ele se revelou a mim de forma extraordinária. Saí do culto reanimada e convicta, eu voltaria ali para testemunhar.

Com o risco real de morte, alguns não criam que Nilton sobreviveria, mas eu estava firmada na Palavra de Deus e, através dela, ouvi Jesus dizer ao meu ouvido: "Não temas, continua crendo", todas as vozes que falavam ao meu ouvido se calaram ao som da voz de Jesus. No caminho do milagre, você vai precisar silenciar a voz da multidão para ouvir a voz de Deus e confiar no Seu poder. O cenário foi sendo transformado e aos doze dias de internação, um milagre. Nilton recebe alta, glória a Deus! Jesus chegou, Ele não se atrasa, está preparando o ambiente. O cenário de morte agora é vida e alegria!

Convido você a sair do meu cenário e entrar no cenário que gerou vida na minha casa! (Marcos 5:21-43; Mateus 9:18-26; Lucas 8:40-56)

Jairo era o principal da sinagoga. Sinagoga era o templo principal onde os judeus, de uma forma regional, cultuavam ao Senhor. A palavra "principal" vem do grego *Arch* que significa: gestor ou líder.

Jairo era um líder respeitado na comunidade, mas seu coração estava angustiado. Sua filha, que tinha apenas doze anos, estava gravemente doente. Desesperado, Jairo decidiu ir em busca de ajuda em um lugar improvável: um homem cuja fama se espalhava anunciando que estava mudando a vida das pessoas com milagres. Esse homem era Jesus, o filho de Deus.

Mesmo enfrentando a desconfiança e o preconceito dos habitantes da aldeia, Jairo lançou-se aos pés de Jesus e implorou por Sua ajuda. Com compaixão em seus olhos, Jesus concordou em ir até a casa de Jairo para curar sua filha.

A rendição

Os judeus reuniam-se para ler o livro da Lei, os Salmos e os Profetas na sinagoga. Jairo cuidava da supervisão do culto, dos rolos das Escrituras, da administração e cuidado do edifício onde funcionava a sinagoga. O líder da sinagoga era um dos homens mais respeitados da comunidade. Porém, sua posição religiosa, social e econômica não o impediu ou livrou do sofrimento. Jairo era líder, rico e influente, mas a enfermidade chegou à sua casa.

Jairo precisou romper a barreira da religiosidade e do medo de ser criticado e até mesmo subjugado pelos líderes religiosos da nação, para se render a Jesus, o único capaz de curar sua filha e transformar a história da sua família.

Quantas vezes a religiosidade nos impede de nos rendermos a Jesus, a preocupação de o que os outros vão dizer, o medo de ser rejeitado ou até excluído. Precisamos arrancar a capa da religião, da posição social e nos humilharmos na presença de Deus, a fim de que Ele, ao seu tempo, nos exalte (1 Pe 5:6).

O clamor

Jairo crê que Jesus tem o poder de curar sua filha, ele clama com fé e humildade, expõe sua necessidade a Jesus, ele não usa sua posição religiosa ou social para ter prioridade com Jesus.

Ele estava desesperado, pois sua filha estava à beira da morte; isso nos ensina que mesmo diante de situações desesperadoras, devemos buscar a Deus em oração com fé e humildade, não permitir que o desespero nos roube a esperança. Devemos nos prostrar com humildade e reconhecer a soberania de Deus em nossas vidas. Ninguém que clama a Jesus com fé por um milagre fica sem resposta.

Jesus vai com Jairo em direção à sua casa. No caminho do milagre, ter Jesus ao nosso lado é a certeza de que Ele se importa com a nossa dor.

A espera é pedagógica

No meio do caminho, uma mulher, que há doze anos sofria com um fluxo de sangue, ouve falar que Jesus estava curando a muitos de suas enfermidades. A mulher propõe em seu coração tocar a orla de suas vestes e crê que com essa atitude de fé seria curada.

A mulher toca e imediatamente o fluxo de sangue cessa. Jesus sente sair de si virtude, em meio à multidão que o apertava, Ele deseja saber quem lhe havia tocado de forma diferente, a caminhada até a casa de Jairo é interrompida. Quem me tocou?, pergunta Jesus. Os discípulos questionam, pois havia uma multidão apertando e tocando em Jesus. Mas o Mestre havia recebido um toque diferente e a mulher, vendo que não podia mais se esconder, confessa que havia tocado em Jesus, Ele diz a ela: "Filha, vai em paz, a tua fé te sarou, vai em paz e sê curada desta tua aflição".

A espera ao ter uma urgência como a de Jairo pode parecer desesperadora, mas Jesus queria remover de Jairo a fé emocional, dar a ele uma fé extraordinária. A fé de Jairo é ativada na cura daquela mulher, há uma esperança para a sua filha.

Eles retomam a caminhada até a casa de Jairo, porém, chegam alguns da casa do principal da sinagoga, a quem disseram: "A tua filha está morta, por que ainda incomodas o mestre?".

No meio da crise, a fé tem de sobrepor às emoções. C. S. Lewis diz que "o grande inimigo da fé não é a razão, mas as nossas emoções" (Lopes, 2006).

Você precisa de perseverança na espera do milagre, mesmo diante de um cenário desfavorável, quando a má notícia chega, quando ninguém mais acredita, quando parece o fim, quando a sentença de morte chega, permaneça firma na Palavra que Deus liberou para você, não tema, creia somente. Se crer, verá a glória de Deus (Jo 11:40).

Remova a incredulidade

Você vai precisar remover do ambiente do milagre tudo aquilo que gera incredulidade, afastar-se daquilo que mina a sua esperança. Não se assuste se pessoas desaparecerem do cenário, é Jesus retirando os incrédulos e zombadores. Não leve para o ambiente do milagre quem não está conectado ao propósito. **No ambiente do milagre não há espaço para incredulidade.** A sua fé o(a) fará viver o extraordinário de Deus.

Jesus entra no quarto onde a menina está levando consigo Pedro, Tiago, João o pai e a mãe da menina. Ele segura a menina pela mão e libera uma palavra: "Menina, eu te digo: levanta-te!". Imediatamente a menina voltou à vida, levantou-se e Ele ordenou que lhe dessem de comer e não contassem a ninguém o que havia acontecido!

A história de Jairo e da mulher do fluxo de sangue nos deixa um ensino de fé e perseverança. Mostra como a intervenção de Deus pode mudar nossas vidas e nos dar esperança em meio às adversidades da vida. E nos lembra que, mesmo nos momentos de incerteza e desespero, nunca devemos perder a confiança no poder de Deus.

Deus lhe dará um testemunho, você não vai precisar contar como sucedeu, o milagre em si vai testemunhar o poder de Deus manifesto na sua vida!

1) De qual milagre você precisa?

2) O que o(a) impede de render-se ao Senhor?

3) O que você precisa remover do ambiente da fé?

Referências

JAMES, King. **Bíblia King James para mulheres.** [1611]. São Paulo: BV Books, 2019.

LOPES, Hernandes Dias. **Marcos**: o evangelho dos milagres. São Paulo: Hagnos, 2006.

PFEIFFER, Charles F.; VOS, Howard F.; REA, John. **Dicionário Bíblico Wycliffe**. Rio de Janeiro: CPAD, 2006.

RICHARDS, Lawrence O. **Guia do leitor da Bíblia**. Rio de Janeiro: CPAD, 2005.

"No ambiente do
milagre não há
espaço para
a incredulidade."

LUCIANE LAPROVITA

PASTORA MARISELMA LIMA

Sou Mariselma Lima, natural de Itaporanga/PB, pastora na Igreja Vidas em Itaporanga, ao lado do pastor Albertino Araujo, somos casados há 31 anos, pais de duas filhas, Bárbara Milena e Amanda Moêmia, e avós de Jean Filho.

Sou assistente social, pós-graduada em Psicopedagogia, psicanalista, bacharela em Teologia e autora do livro *Você não é a sua dor*.

pra.mariselmalima

mariselmalimaescritora@gmail.com

RECEBENDO VIDA
ATRAVÉS DA PALAVRA
VOLUME 2

19 VOCÊ FOI ESCOLHIDA PARA UM PROPÓSITO

POR PASTORA MARISELMA LIMA

Deus tem propósito na sua vida e acontecerá no tempo certo.

Nascida em uma família de sete filhos, sendo eu a única filha mulher, um ambiente repleto de energias, amor e desafios, cresci em um lar em que aprendi a ser resiliente, lutar pelo meu espaço e encontrar alegrias nas pequenas coisas.

Ajudava minha mãe nas atividades do lar, isso me levou à maturidade precoce, recebi responsabilidades e desenvolvi habilidades, tanto em casa como no colégio, amava adquirir conhecimentos, pelos quais sou grata até hoje. Recordo-me quando era criança, o quanto ficava feliz em ir para a casa da minha tia Isaura, sempre após um jantar delicioso ela segurava na minha mão e me levava para uma igreja próxima à sua casa. Aquele cenário ficou marcado na minha mente. Fui crescendo, tornei-me adulta, conquistei minha independência, meu sonho era casar e construir minha família.

Eu me casei com o jovem que eu amava e juntos tivemos duas lindas filhas, que trouxeram ainda mais alegria e significado à nossa vida. Desde o início, nossa história foi marcada por um profundo amor e um compromisso compartilhado de construir uma família forte e feliz. Nosso lar foi sempre repleto de alegria, um reflexo de tudo que acreditei e sonhei viver.

Eu me recordo que, por várias vezes, pessoas se aproximavam para me entregar palavras proféticas, sempre afirmavam que Deus tinha um propósito na minha vida; meu relacionamento com Deus era superficial, enquanto Ele me convidava para mergulhar em águas profundas. Era comerciante, a maioria das pessoas com que tinha contato eram fiéis a Deus, estas me evangelizavam, eu estava cercada de pessoas que amavam a Cristo. Chegou o dia em que resolvi frequentar uma igreja evangélica, ouvir e aprender a Palavra, amava os estudos bíblicos, estes traziam para o meu coração a revelação sobre o infinito amor de Deus sobre toda a humanidade.

Algo inesperado aconteceria na minha vida, uma nova jornada se iniciaria. Na quietude de uma noite serena, nossas vidas passariam por uma mudança, a crise conjugal bateu à porta, éramos jovens e sem experiência, não sabíamos resolver conflitos, sentados naquela sala de estar, que por tantos anos foi acolhedora, de muitas cenas festivas, reuniões em família, compartilhamento de projetos incríveis, agora ela se tornaria um ambiente de decisões que abalariam completamente toda a estrutura familiar. Um cenário de incertezas foi instalado ali, uma conversa inevitável, meu marido pediu um tempo no casamento que nos levaria a um futuro divórcio.

Apesar de ainda sermos jovens, éramos compromissados com nossas responsabilidades dentro do casamento e felizes, dentro das nossas limitações. Ele, um homem de grandes qualidades, respeitável, excelente profissional e amado por todos, tomava uma decisão na qual eu precisava entender aquela nova realidade.

Ainda sentados no sofá da sala, sem mais o que dizer, encerramos nosso casamento, cada um seguiria seu caminho. Enfrentei lutas que pareciam infindáveis, então me lancei aos pés de Jesus, estava decidida a lutar pela minha família. Fechando os olhos para as impossibilidades, abri-os para as possibilidades. O que parecia ser o fim de um caminho era, na verdade, o início de uma nova jornada tecida pelo propósito divino.

Fazendo minhas orações, no quarto, resolvi falar com Deus de uma forma ousada, e disse: Deus, se o Senhor realmente tem um propósito na minha vida, se me escolheu, como todos afirmam, fale comigo através da Sua palavra, eu quero ouvir a Sua voz. Então abri a Bíblia, no Evangelho de **João 15:16** uma voz bradou dentro do meu quarto e dentro de mim fortemente:

"Não me escolhestes vós a mim, mas eu vos escolhi a vós, e vos nomeei, para que vades e deis fruto, e o vosso fruto permaneça; a fim de que tudo quanto em meu nome pedirdes ao Pai em meu nome Ele vo-lo conceda".

Naquele momento, uma luz forte invadiu o quarto e toda a casa, era muito forte a presença de Deus, iluminava não apenas o ambiente, mas também meu coração. Ouvi uma voz poderosa, podia sentir meu coração bater muito forte, era a presença real de Jesus dentro da minha casa, trazendo clareza que começava a vislumbrar. Fui escolhida para um propósito. Esse encontro com Jesus marcou o início de uma nova fase da minha vida. Recebi vida através da palavra naquela noite, encontrei forças, estava confiante, entendi que processos são necessários, agora, rumo a uma vida frutífera. Entreguei minha vida a Jesus na igreja em que minha tia me levava quando criança, recordei-me quando me vi sentada nos bancos daquela igreja, estava tudo guardado no meu inconsciente.

A jornada se iniciaria, estava decidida a caminhar fielmente, não olhando para as dificuldades, mas vendo oportunidades através delas. Conquistando meu espaço, vivenciando o melhor de Deus, buscando a felicidade na simplicidade. Foi um tempo de muitas mudanças, autoconhecimento e fortalecimento emocional e espiritual. O amor e a companhia das minhas filhas deixavam os meus dias mais felizes, eu as tinha juntinho de mim. Ao lado delas, o desejo de vencer era imenso. Dediquei-me a ensiná-las o caminho da salvação e fielmente testemunhar do amor de Cristo através do meu exemplo de fé e perseverança.

Decidida a vencer, potencializei as habilidades para o comércio, dirigida pelo Espírito Santo. Eu me posicionei na casa do Senhor, contribuindo com sua obra, estava desfrutando de uma vida abundante com Cristo.

Coloquei em prática o que está escrito em **Ezequiel 47:5,8**, uma visão na qual ele descreve um rio de águas purificadoras fluindo do templo. Resolvi sair das águas rasas, a cada passo era um mergulho de autoconhecimento, crescimento e restauração, as águas não eram mais nos artelhos, isto significa que estava saindo da fé superficial. Jesus diz em **Mateus 21:22**: "E, tudo que pedirdes em oração receberás". Adquiri uma vida de oração, fé e esperança, o Espírito Santo inundou-me, transbordando-me com Seu infinito amor.

Estava pronta para o que Deus faria através da sua poderosa Palavra, que trouxe vida e restauração para meu lar, confiei no poder sobrenatural do Pai, sempre lutei e acreditei no milagre.

Querida leitora, no casamento, desafios e crises são inevitáveis. No entanto, a restauração é possível quando um dos cônjuges, particularmente, a esposa, dedica-se a ter uma vida de oração. **"A mulher sábia edifica a sua**

casa" (Provérbios 14:1). Após um ano, meu marido decidiu voltar para casa, pediu perdão, estava decidido a viver uma nova vida ao lado da sua família, entendeu que éramos o maior presente de Deus para ele. Houve restauração e transformação. Eu sempre profetizava sobre sua vida, que ele seria um pregador fiel da Palavra e, juntos, com nosso testemunho alcançaríamos multidões.

A palavra e a oração são ferramentas poderosas para a esposa que deseja vivenciar milagres. Traz restauração pessoal, força interior e sabedoria para superar os processos sem sair da presença de Deus. O milagre aconteceu! Meu marido converteu-se, nosso amor foi fortalecido, unimos propósitos, fizemos seminário de bacharel em Teologia, tornamo-nos diáconos, missionários pioneiros na comunidade da sua origem familiar, pregamos para os nossos familiares, eles se converteram, os primeiros foram nossos pais, nossas filhas são bençãos, envolvidas no ministério, são atuantes nas suas profissões, uma odontóloga, outra psicóloga, casaram e recentemente nós nos tornamos avós. Continuam amando Jesus até os dias atuais. Juntos, estamos pregando essa verdade que traz vida para muitas pessoas, e contemplando milagres. "As coisas velhas se passaram, eis que tudo se fez novo" (2 Coríntios 5:17). Fomos escolhidos por Deus, consagrados ao ministério pastoral, muitas vidas restauradas.

Minha querida leitora, quero a encorajar a acreditar no seu recomeço, posicione-se na Palavra de Deus, ela é poderosa, se eu consegui vencer, você também consegue. Acredite, sua família é projeto do Senhor, invista em você, busque ser despertada na sua fé e propósito. No meu livro "Você não é a sua dor", apresento ferramentas poderosas que a tornarão uma mulher posicionada além das adversidades.

Você é escolhida, Deus tem poder para restaurar o que se quebrou, traz transformação, sem dor, sem culpa e com propósito. Talvez hoje seja apenas um posicionamento que você precise para dar início a uma grande virada de chave na sua vida, decida sair das águas rasas e mergulhar mais profundo na intimidade com o Espírito Santo, Ele a conduzirá.

Viva de forma intencional, tomando decisões que reflitam sua fé, atos de serviço na comunidade, generosidade, perdão, amor incondicional, alinhando suas ações com princípios bíblicos. Alcance seu propósito, gerando vida através da Palavra, os frutos virão independentemente da estação, continue confiante, Deus com sua Palavra irá trazer vida onde passar: família, corpo, alma e no espírito.

Deus é poderoso para fazer infinitamente mais do que tudo que pedimos ou pensamos segundo o Seu poder que é operado em nós.

Ao chegar ao final destas páginas, espero que você esteja completamente convicta do amor incondicional do Pai, que essas palavras tenham impactado sua vida com fé, esperança e restauração.

"Os processos são
inevitáveis, mas
é por meio deles
que alcançamos o
propósito."

PASTORA MARISELMA LIMA

PAULO COSTA

Sou Paulo Costa, natural da cidade do Rio de Janeiro/RJ. Há 21 anos resido na cidade de João Neiva/ES, onde sou pastor presidente da Igreja Batista Memorial.

Sou casado há 35 anos com Claudia Milagre Costa. Nesse tempo, Deus nos deu duas filhas: Thayná e Maria Clara. Thayná é casada com Bruno Costa, que se tornou para nós, também, um filho. Temos, também, três cãezinhos, os quais chamamos carinhosamente de Olavo, Theo e Dudu.

Sou bacharel em Teologia pelo Seminário Teológico Batista do Sul do Brasil/ /RJ. Faço parte da equipe de líderes da Visão Celular no Modelo dos Doze, no estado do Espírito Santo.

paulocosta12

+55 (27) 99918-2202

prpauloeclaudia@gmail.com

prpauloeclaudia

RECEBENDO **VIDA**
ATRAVÉS DA **PALAVRA**
VOLUME 2

20 COMECE SEU DIA COM AÇÕES DE GRAÇAS

POR PAULO COSTA

> Em tudo dai graças; porque esta é a vontade de Deus em Cristo Jesus para convosco. (I Tessalonicenses 5:18)

Como assim, dar graças em tudo? Isso inclui as circunstâncias ruins? Essa é uma boa pergunta! Talvez algum estudioso da Palavra tente nos convencer de que não é bem assim. Talvez alguém diga que o apóstolo Paulo não está falando de forma literal e que essa ordem seja relativa.

Na verdade, essas tentativas de relativizar a Palavra de Deus não passam de sofismas pelos quais muitos têm se desviado da boa, perfeita e agradável vontade de Deus. Para o versículo em questão não cabe interpretação, mas sim obediência. E a Palavra diz: em tudo dai graças! E se a capa deste livro sugere que, ao lê-lo, você receberá vida através da Palavra, deixe que a Palavra de Deus gere essa vida em você.

Para entendermos melhor, eu escolhi uma cena acontecida há aproximadamente 2.800 anos.

Lá estava ele, triste, decepcionado, frustrado e sentindo muita raiva. O motivo? Deus não fez o que ele queria que Deus fizesse. Seu nome? Jonas. Sua profissão? Profeta. Sua missão? Pregar o Evangelho da Salvação a um povo de que ele não gostava. Sua doença mais grave? Ingratidão. E no auge de sua insanidade, Jonas orou assim: "Agora, Senhor, tira a minha vida, eu imploro, porque para mim é melhor morrer do que viver." (Jonas 4:3, NVI).

Definitivamente, Jonas não é o melhor exemplo de alguém que podemos chamar de grato. Até porque, dias antes, Deus o livrou da morte e parece que ele não se lembrava mais disso. Não é de hoje que temos memória ativa para coisas ruins e amnésia para coisas boas.

Deus deu uma ordem a Jonas e este se recusou a cumpri-la, por isso foi parar dentro do ventre de um grande peixe. Então, no seu pior momento, ele orou e disse: "Em meu desespero clamei ao Senhor e Ele me respondeu. Do ventre da morte gritei por socorro e ouviste o meu clamor" (Jonas 2:2, NVI). Essa experiência, por si só, já deveria ativar em Jonas um estilo de vida que transbordasse gratidão. Mas Jonas optou por viver no "modo murmuração". Entenda, não dá para ser grato e murmurador ao mesmo tempo. Você sempre terá de escolher entre um e outro.

Como pode um homem de Deus, um profeta, em um dado momento, ser tão abençoado e, algumas horas depois, mostrar-se tão ingrato? A atitude de Jonas não me espanta, pois um dia eu também me senti assim. Fiquei frustrado e me vi na mesma situação dele. Os motivos eram outros, mas o sentimento era o mesmo.

Lá estava eu, solitário, sentado num banco improvisado de madeira, numa praia deserta, há 50 quilômetros de minha casa. O sol de quase 40 graus queimava por sobre meu corpo e esquentava ainda mais a minha cabeça. Eu estava cansado, desanimado, triste e frustrado. Definitivamente, as coisas não estavam acontecendo da forma como eu pedi a Deus. Por um bom tempo, eu me esqueci do quanto Deus já havia me abençoado com provisão transbordante e uma igreja pujante e vitoriosa.

Sem dinheiro para consertar o carro, com os problemas da igreja se avolumando (pastores em geral pensam que conseguirão resolver todos os problemas da igreja) e frustrado por não encontrar sequer uma saída, quase fiz a oração de Jonas: "Agora, Senhor, tira a minha vida, eu imploro, porque para mim é melhor morrer do que viver" (Jonas 4:3, NVI).

Foi ali, então, que olhei para os céus e quase desmaiei. Sim, quase desmaiei. Uma tonteira repentina tomou conta do meu corpo. A essa altura, eu me dei conta de que estava ali debaixo daquele calor escaldante, sem beber água, sem alimento e com a mente tomada por ingratidão. Acredite, ingratidão faz mal à saúde e eu estava com sintomas graves, que até então não conseguia detectar.

Foi aí que pensei: se eu fiquei tonto apenas por ficar algumas horas exposto ao sol; se ao fixar meus olhos nele, que está tão distante, quase desfaleci; imagine se ele, o Sol, se aproximasse um pouquinho mais da terra? Vou explicar melhor. O Sol está a, mais ou menos, 150 milhões de quilômetros de distância do nosso planeta. Cientistas afirmam que se ele se aproximasse apenas 5% da Terra, todos nós viraríamos um grande churrasco humano.

Você já parou para pensar nisso? A propósito, você já agradeceu a Deus pelo fato de não ter virado churrasco hoje?

Veja bem: o Sol está cuidadosamente posicionado, nem muito para lá, nem muito para cá. Ele está exatamente onde deve estar para que tenhamos primavera, verão, outono e inverno. Tudo na natureza funciona perfeitamente para que possamos desfrutar, tanto dos dias chuvosos quanto dos dias ensolarados. Dias quentes e dias frios são, literalmente, planejados por Deus para que possamos desfrutar deles.

Viver é uma dádiva. Todo amanhecer é uma porta aberta. Deus a abre e espera que nós, seus filhos, entremos por ela com ações de graças. Davi sabia bem disso e no Salmo 100:1-5 ele faz uma convocação: "Entrai por suas portas com ações de graças e nos seus átrios, com hinos de louvor; rendei-lhe graças e bendizei-lhe o nome. Porque o Senhor é bom, a Sua misericórdia dura para sempre, e, de geração em geração, a Sua fidelidade" Salomão disse: "Reconheça o Senhor em todos os seus caminhos e ele endireitará as suas veredas" (Provérbios 3:6, NVI).

Quando fazemos isso logo ao amanhecer, ou seja, quando reconhecemos Deus nas primeiras horas da manhã e somos gratos por isso, uma conspiração celestial começa a acontecer a nosso favor. Creia, ações de graças ao amanhecer purificam nossa natureza pecaminosa e ingrata. Por isso, é extremamente importante você escolher o que vai ler, ver, escutar e falar nos primeiros minutos do seu dia.

Por exemplo, você pode acordar pela manhã e ligar sua TV no telejornal e assistir uma reportagem sobre a grande quantidade de pessoas que sofrem com determinada doença. É legítimo que você pergunte: "Senhor! Por que existem tantas doenças no mundo?" Mas quando você tem a gratidão como estilo de vida, a pergunta passa a ser: "Senhor! Como é possível, num mundo tão caído e contaminado pelo pecado, tantas pessoas serem curadas todos os dias?".

Minha intenção não é que você feche os olhos para os problemas. Muito pelo contrário, abra seus olhos ao redor e você vai constatar que na maioria das famílias que lidam com Pessoas com Deficiência (PcD) a atmosfera de gratidão é maior. Sabe por quê? Porque cada dia vivido é celebrado como mais uma vitória alcançada.

Deus teve de ensinar isso a Jonas de forma bem empírica. No livro de Jonas, capítulo 4, versos 5 a 11, nós vamos ver que, depois de pregar a

Palavra a todos os ninivitas; depois que todos os moradores de Nínive se arrependeram de seus pecados e se converteram ao Senhor; depois que Deus decidiu poupar a cidade, Jonas continuou mal humorado. Ele tinha a expectativa de que, mesmo se arrependendo de seus pecados, os moradores de Nínive viessem a ser todos mortos, afinal, o ninivitas tinham feito muito mal ao seu povo. Jonas era um sobrevivente das atrocidades que o povo de Nínive fez contra Judá.

Então, Deus, em Seu infinito amor, fez crescer uma planta sobre Jonas para que ele pudesse descansar debaixo de sua sombra. Jonas se alegrou com o presente que Deus lhe deu, adormeceu, dormiu e durante a noite Deus mandou uma lagarta que devorou a planta e, consequentemente, acabou com o seu conforto. Então, a verdadeira face de Jonas se revelou e mais uma vez ele pediu a morte. O tempo inteiro Deus estava se mostrando bondoso para com ele, mas Jonas preferia focar no sofrimento que viveu no passado.

É verdade que no passado os ninivitas causaram muito sofrimento a Jonas. Mas, quem criou os ninivitas? Quem permitiu que eles cometessem tanta maldade? Alguém poderá dizer: "Foi Satanás!". Entenda, Satanás não cria nada, Satanás só mente e imita o que já foi criado.

Em maio de 2024, em um grande evento em Alphaville/SP, com grandes palestrantes de vários países do mundo, Jorge Coutinho, um ***coach*** português, disse o seguinte: "Deus está em tudo, até na morte de minha filha de 4 anos". A filha dele havia morrido de câncer. Chorei copiosamente quando ouvi sua história. Porém, fui edificado quando conferi o que ele disse com o que a Palavra diz:

> Eu sou o Senhor, e não há nenhum outro; além de mim não há Deus. Eu o fortalecerei, ainda que você não tenha me admitido, de forma que do nascente ao poente saibam todos que não há ninguém além de mim. Eu sou o Senhor, e não há nenhum outro. Eu formo a luz e crio as trevas, promovo a paz e causo a desgraça; eu, o Senhor, faço todas essas coisas. (Isaías 45:5-7)

Alguém poderá argumentar dizendo que esse texto faz parte da Antiga Aliança. Mas veja o que o apóstolo Paulo diz, já na Nova Aliança, em I Timóteo 4:4-5: "Pois tudo o que Deus criou é bom, e nada deve ser rejeitado, se for recebido com ação de graças, pois é santificado pela palavra de Deus e pela oração".

Paulo aqui está falando de alimentos que eram oferecidos a ídolos. A igreja de Corinto vivia esse dilema: podemos ou não comer o que é consagrado a ídolos? Paulo então ensina que essa consagração era algo muito pequeno em relação a grandeza dAquele que é o criador e dono do alimento. Paulo ensina, também, que se você receber o alimento com ações de graças, esse alimento será santificado pela Palavra de Deus e pela oração. Mas tudo começa com gratidão. Essa revolução começa com ações de graças.

Será que isso vale para as coisas más que acontecem conosco? É claro que sim! Na verdade, o que Paulo está dizendo é que, quando você dá graças por tudo, ganha a permissão de tomar o controle das situações e configurá-las para os propósitos certos. Faça um teste!

Lembre-se: "Sabemos que todas as coisas contribuem juntamente para o bem daqueles que amam a Deus, daqueles que são chamados segundo o seu propósito" (Romanos 8:28, ACF).

Decida hoje ser um propagador de ações de graças até diante das circunstâncias mais difíceis e complicadas da vida. Creia, Deus está lá também. Ele o(a) aguarda ansiosamente todos os dias para uma conversa que comece com a seguinte frase: "Obrigado, Senhor!".

"Todo amanhecer é uma porta aberta. Deus a abre e espera que nós, Seus filhos, entremos por ela com ações de graças."

PAULO COSTA

RAQUEL RODRIGUES

Olá! Eu sou a Raquel, mãe do Murilo, um lindo e abençoado jovem de 18 anos, moramos em Osasco/SP. Sou a irmã caçula de quatro homens admiráveis. Nossos pais, Jairo e Nilza, deixaram-nos um legado lindo de família, amor e unidade.

Sou psicóloga infanto-juvenil e orientadora parental. Lidero, ao lado de mulheres extraordinárias, o Juntas em Oração, um culto para mulheres que ocorre na minha igreja local, Yah Church, mas também atuo como psicóloga no Aviva, braço social da nossa igreja, levando apoio e saúde mental para quem não tem condições.

Nas minhas caminhadas, percebo o quanto a jornada com Jesus ressignificou as minhas dores através da Sua Palavra, e o(a) convido a conhecer um pouco mais da minha história.

psicologaraquelrodrigues

RECEBENDO **VIDA**
ATRAVÉS DA **PALAVRA**
VOLUME 2

21 RESSIGNIFICAÇÃO, UMA JORNADA COM JESUS

POR RAQUEL RODRIGUES

Junho de 2005. Recém-formada em Psicologia, trabalhando, morando com meus pais e namorando. Tudo parecia fluir naturalmente bem, até que me vi num relacionamento enfraquecido e grávida! Não estava nos meus planos ser mãe naquele momento, muito menos mãe solo. Sempre sonhei com o casamento de véu e grinalda, constituir uma família, afinal tenho os meus pais e irmãos, que são exemplos do que eu pretendia construir.

O choque da gravidez, amada mas inesperada, não foi a única surpresa que vivenciei, com três meses de gestação veio a notícia de uma traição. A dor da rejeição e o abandono foram terríveis, chegava a ser físico.

Minha mãe, nessa época, foi meu maior suporte, ela me estendeu as mãos, deu-me colo e lutamos juntas nessa fase tão difícil. Porém, pouco tempo antes, foi diagnosticada com hepatite C num grau severo, precisava ser hospitalizada com frequência, e eu camuflei meu sofrimento para não a ver sofrer por mim.

Além da dor da traição enquanto meu filho era gestado, a sensação de impotência perante a doença da minha mãe me consumia. Os dias pareciam intermináveis e as madrugadas frias, tristes. Naquela época, eu buscava desesperadamente a fé em todos os lugares, conhecia Jesus, mas só de ouvir falar, não tinha um relacionamento com Ele. Eu queria uma explicação em todos os cantos e respostas sobre por que estávamos passando por tanto sofrimento.

Sempre ao deitar a cabeça no travesseiro, eu chorava com medo da minha mãe ir embora, de pensar como seria ser sem ela por perto, de ter um filho sozinha. A resposta para todo esse sofrimento parecia não vir. A traição, a vergonha de ser mãe solteira e a doença extremamente sofrível da minha mãe machucavam-me tanto que eu nem sabia mais como reagir.

Certo dia, encontrei uma amiga na rua de casa e ela me perguntou como eu estava, minha vontade era de desabar, mas apenas falei que estava tudo bem. Ela, com uma fala amável, comentou sobre um grupo de oração de que participava, convidou-me para ir e, olhando nos meus olhos, disse com profundidade: "Deus te abençoe". Parece tão pouco, quando já conhecemos o Evangelho e podemos pronunciar vários textos e versículos, mas o poder de um "Deus te abençoe" significou muito para mim, Deus estava disposto a transformar minha vida.

Meu bebê nasceu e, com a ajuda dos meus pais, fui para casa, com um filho no braço e com o sonho no coração, mas este seria adiado. Nesse ínterim, minha mãe piorou muito e as internações passaram a ser constantes e, para mais uma pedrinha de dor, fui demitida do hospital em que eu amava trabalhar. Meu Deus, que luta e que prova o Senhor me deu nessa fase!

A pedido de minha mãe, não procurei outro emprego, para me dedicar integralmente a ela. Eu saía de casa cedo, deixava meu filho de seis meses na escolinha, passava o dia no hospital e, à noite, encontrava meu filho com meu pai, que me ajudou muito e foi extremamente parceiro. Aos finais de semana levava meu bebê comigo, pois era o ânimo e a alegria de que a minha mãe precisava.

As madrugadas eram terríveis, o sono não vinha e o medo de o hospital me ligar com alguma notícia ruim me consumia. Mas enquanto eu lutava com meus braços para dar conta de tudo e sufocar minha dor interna, Deus foi estrategista. Era tarde da noite e ouvi o guarda da rua de casa conversando com sua esposa, que acabara de chegar da igreja, e saí ao encontro deles; nesse dia, novamente senti o cuidado de Deus, quando eles ministraram na minha vida Filipenses 4:7: "Raquel, você precisa se acalmar e permitir que a Paz de Deus, que excede todo entendimento, guarde seu coração e os seus pensamentos".

Eu desejei verdadeiramente sentir essa paz, não entendia muito bem o que eles me disseram, mas eu O queria habitando no meu coração, queria sentir calma e alegria.

As minhas madrugadas passaram a ser minha paz, pois todos os dias eu estava sendo transformada através da Palavra de Deus pela vida desses dois anjos que o Senhor colocou no meu caminho.

Fui semeada, regada, até que um dia veio a colheita.

Estava voltando do hospital e reencontrei minha amiga que, usada por Deus, abençoou-me. Partiu de mim pedir a ela que me levasse àquele grupo de oração de que ela tinha comentado.

Foi um bálsamo estar ali. Lembro-me que mal deixei os pastores falarem, por tamanha ansiedade e sede de Deus em que eu estava, mas foi lá que eu permiti que Jesus Cristo se tornasse o Salvador da minha vida. Porém, nada mudou instantaneamente, as dores na alma continuavam e a situação da minha mãe agravava-se, mas a partir dali eu estava com sede da Palavra e passei a "devorar" a Bíblia.

Era 11 de abril de 2008, deixei meu filho na escolinha e voltei para casa ouvindo um louvor que falava diretamente ao meu coração: "O meu Deus nunca falhará, eu sei que chegará minha vez, minha sorte, Ele mudará, diante dos meus olhos...". E ao chegar em casa o telefone tocou, o coração disparou e a notícia mais temida foi anunciada: minha mãe havia partido. Senti como se milhares de espetos penetrassem meu coração de uma só vez, uma dor tão dilacerante, eu só pensava: "O que seria de mim agora? Como conseguiria caminhar sem ela?". O consolo era saber que, juntas, fizemos uma oração de entrega e ela também escolheu Jesus como Salvador, então sabia que um dia estaríamos juntas novamente.

Com a morte da minha mãe, meu pai aproximou-se demais de mim e nós aprendemos a ser muito parceiros. Ele sempre foi paizão, de me carregar no colo até não aguentar mais, de preparar meu café da manhã, de escutar meus segredinhos, de opinar sobre a roupa que eu ia vestir quando eu estava em dúvida. Um avô espetacular, cheio de vida, alegre e melhor amigo do meu filho.

Viajamos muito, passeamos e foi nesse clima de parceria que ele se reconciliou com Deus, passou a frequentar ativamente a igreja comigo e era meu grande alicerce. Passamos a realizar nossos sonhos e eu sentia no meu coração que precisava levar meu pai para se divertir muito, até para Disney fomos, no auge dos seus 75 anos e brincamos muito.

Dançamos tango na Argentina, mergulhamos em Maceió, vimos o pôr do sol em Campos de Jordão, aproveitamos muito a praia em Itanhaém.

Os anos foram passando e lá estávamos, uma mulher e filha, um pai idoso e companheiro, um adolescente e Deus reinando.

Tornei-me, por vontade de Deus e a exemplo de minha mãe, professora, voltei a clinicar como psicóloga e tornei-me palestrante, mas apesar dos dias estarem cada vez melhores, o sofrimento decorrente da rejeição passada, da angústia vivida e a dor pela ausência de minha mãe tornaram-me uma obesa mórbida. Negligenciei minha saúde e, por consequência, minha autoestima andava baixíssima.

Um certo dia, um pastor muito querido alertou-me sobre a obesidade e falou da cirurgia bariátrica. Eu já havia tentado várias formas para reduzir peso e ser saudável, mas nada funcionava. Foram muitas dietas, medicações, caminhadas, corridas. Porém, aquele pastor foi muito sábio e usado por Deus, ele me disse o seguinte: "Filha, você é imagem e semelhança do próprio Deus, Ele morreu na cruz por você e negligenciar sua saúde ou não confiar é o mesmo que negar a Cruz".

Aquilo foi tão forte que decidi ressignificar as dores e dar espaço para Deus agir, e foi em março de 2022, no auge da minha obesidade, que operei. Foi uma decisão embaixo não só de consulta ao nosso Senhor, mas também de muita oração. Em poucos meses a minha saúde melhorou muito, doenças que estavam comigo sumiram e a minha autoestima foi renovada.

E, nesse caminhar de muitas conquistas, enormes bençãos e uma lista gigante de coisas para agradecer a Deus é que uma nova adversidade tomou meu caminho: meu pai adoeceu e em pouquíssimo tempo faleceu. Eu não estava preparada para enfrentar mais aquela dor, novamente me senti dilacerada.

Agora seríamos somente Deus, meu filho e eu. E foi no velório que meu filho disse: "Mãe, o vovô me ensinou em vida a amar a Deus a qualquer custo e em morte me ensinou que nem a dor é maior que Deus", mal sabiam eles dois que eu acabava de ter o maior aprendizado também.

Essa história de altos e baixos poderia terminar aqui, mas eu não posso finalizar sem antes dizer que mesmo vivendo com Jesus, experimentei dores da solidão como nunca havia sentido, crises de pânico terríveis, dificuldade para me organizar financeiramente, impedimentos para cuidar da saúde, e muitas outras adversidades, porém, em nenhum momento eu estive só, Deus cuidou de mim, com seu próprio colo e consolo e colocando em meu caminho pessoas maravilhosas, tornando tudo mais leve, trazendo-me a paz.

Com todas as lutas e adversidades, descobri o autoconhecimento, mas este de nada valeria sem o conhecimento do Alto que é Jesus.

E para concluir esse trecho da minha vida, digo que Deus é tão bom e fiel que, no final de 2023, meu filho, aquele bebê que foi gestado em meio a tantos sofrimentos, cresceu, tornou-se um homem filho e servo de Deus, entrou na primeira lista da universidade que ele almejava. No dia da matrícula, fomos à capela do campus e, de mãos dadas, agradecemos o tanto que Deus é misericordioso. Ah, Deus realmente é bom!

Para você que chegou até aqui e que se identificou, termine essa leitura sabendo que, mesmo quando não entendemos, mesmo quando já não mais acreditamos, mesmo quando já nos enterramos, no tempo de Deus, Ele entra no túmulo e nos tira de lá, nos dá vestes novas e nos restaura.

Ainda há muito o que acontecer na minha história e sei que, independentemente de qual for o caminho, quantos obstáculos e adversidades novas vierem, no leito de morte do meu pai encostei minha cabeça no seu colo e disse estar temerosa, e o último legado que ele me deixou foi "Não tema, quando estamos com Jesus, está tudo bem".

O amor de Jesus nos basta, a Graça dele nos sustenta.

Esse mesmo Deus pode transformar e ressignificar a sua vida, as suas dores e mudar sua história, permita-se viver junto a Ele, creia no poder de transformação que Ele pode fazer na sua vida e, de coração, eu desejo que **Deus o(a) abençoe**.

"Com todas as lutas e adversidades, descobri o autoconhecimento, mas este de nada valeria sem o conhecimento do Alto que é Jesus."

RAQUEL RODRIGUES

ROBERTA DUARTE

Eu sou Roberta Duarte, natural de Juazeiro da Bahia, casada com Roney há vinte anos. Do nosso amor nasceram dois filhos: Nathan (15) e Pérola (14).

Atualmente moro em Pilar, distrito de Jaguarari/BA, onde há quatro anos estou juntamente com meu esposo, pastor Roney, pastoreando a Primeira Igreja Batista Emanuel (PIBE). Estar plantada nesse lugar tem me feito crescer espiritualmente, emocionalmente e profissionalmente, levando pessoas comigo, que para mim é o maior significado de sucesso: formar sucessores.

Ao longo dos meus 45 anos, passei por muitos desafios para chegar até aqui, mas venci e continuarei em fé a minha caminhada cristã e profissional. Carrego junto de mim a missão de ser esposa, mãe, pastora, especialista comportamental pelo IDEC e idealizadora do Seminário Ele por elas.

Para me encontrar, siga-me no Instagram ou por WhatsApp:

robertaduartesilva

+55 (74) 99971-5067

RECEBENDO **VIDA**
ATRAVÉS DA **PALAVRA**
VOLUME 2

22 RECOLHER PARA PLANTAR

POR ROBERTA DUARTE

Vivi na minha vida adulta situações que foram consequências de palavras proferidas por falta de conhecimento do poder que havia na palavra que saía da minha boca. Em uma fase de ilusão, entre a transição da adolescência para a juventude, usei muitas vezes a frase: "Nunca vou ser mãe, terei uma vida independente, sem casamento". Mas os anos se passaram e eu só conhecia um Jesus de ouvir falar, o conhecer face a face e o Espírito de Deus vindo habitar em mim transformou toda a minha vida. Comecei a me dedicar exclusivamente ao Senhor, até aí tudo bem, conhecer mais sobre Ele, sobre Seus planos, projetos para minha vida.

Até que encontrei aquele que seria a realidade completamente oposta dos meus pensamentos e declarações feitas na adolescência. Namoramos, noivamos e nos casamos, não optamos por esperar muito para termos nosso primeiro filho, outra realidade oposta às palavras contrárias já proferidas. Agora um sonho dos dois, meses após o casamento parei o uso de métodos contraceptivos, passou-se um tempo e nada de engravidar, procurei minha médica e ela me mandou esperar por um ano sem o uso de anticoncepcionais para darmos início às investigações. Após esse tempo, submeti-me a uma série de exames que constataram a impossibilidade de gerar, um cisto que impedia a ovulação. Foram quase quatro anos de tratamento, em que a médica passou a investigar também o meu esposo e, para nossa decepção, o resultado constatou que 50% dos espermatozoides estavam mortos. A cada dia nosso sonho era minado pelos diagnósticos negativos, daí então começou uma trajetória de lutas, decepções, tristeza, angústia e incerteza. Contudo, eu, juntamente com meu esposo, precisávamos tomar uma decisão, ficar com o diagnóstico relativo ou agarrar e tomar posse do relatório absoluto da Palavra de Deus, que diz em Mateus 21:22: "E, tudo o que pedirdes em oração, crendo, o recebereis". Só havia me esquecido de que, anos atrás, mesmo sem conhecimento, lancei palavras de que jamais queria ser mãe. Você que está lendo este devocional agora, a você eu pergunto: quais são as palavras que estão saindo da sua boca? Segundo a Palavra de Deus, em Provérbios 18:21, a morte e a vida estão no poder da língua e aquele que a ama comerá do seu fruto, e eu passei parte da minha vida declarando morte sobre o meu ventre. Então, o que fazer?

1º) Reconheça que errou (Provérbios 28:14).

2º) Recolha todas as palavras lançadas, colheitas indesejadas e dolorosas, isso requer fé, coragem, esforço e ir de encontro ao diagnóstico contrário à verdade da Palavra de Deus.

3º) Prepare o terreno chamado eu, arrancando as raízes de palavras contrárias.

4º) Comece a declarar vida através da palavra, como as sementes com que eu declarei vida sobre meu ventre: vou ser mãe, Deus me promete na Sua palavra que nem os animais são inférteis e que filhos são heranças do Senhor.

Independentemente da fase que esteja vivendo, seja adolescente, jovem ou adulta, não só na área da gestação, mas aquilo que você tem semeado através da suas palavras são sementes saindo pela sua boca e elas têm poder tanto para a vida como para a morte. Não depende mais de Deus, o que você precisa Ele já fez, agora é se posicionar e começar a fazer tudo diferente do que vinha sendo feito. Você já parou para pensar se de fato palavras que saem da sua boca terão o poder para gerar vida? Veja algumas referências bíblicas que mudaram vidas e situações: Ezequiel 37:10, João 11:43 e Mateus 8:8.

Não importam profundidade e complexidade, o poder da Palavra é curador, transformador e ressuscitador. Então, passei anos fazendo exatamente conforme as orientações médicas relacionadas ao meu corpo físico, mas o poder da Palavra, da fé declarada foi o diferencial para eu sair do lugar de mulher estéril para mãe de filhos. No último mês de esterilidade, eu disse ao Senhor: "Entrego exatamente tudo em Suas mãos", e no mês seguinte já estava grávida. Não será diferente com você! O que você quer gerar neste dia? Com sua boca, declare baseado(a) na Palavra de Deus o milagre de que você necessita. A partir desse momento você é um solo pronto para receber a semente que vai germinar, frutificar e será além do que imagina. Porque, baseado no meu testemunho, cinco meses após o nascimento do meu primeiro filho eu engravidei novamente de uma menina.

Diante de tudo o que você acabou de ler, qual será sua decisão? Porque quem sabe quem é em Deus não aceita ser qualquer coisa! Ele o(a) criou para ser mais que vencedor(a) em qualquer área da sua vida e o(a) fez segundo o que está escrito em Salmos 1:3.

Essa exposição à Palavra de Deus me deu respaldo para a vida cristã. Ninguém pode dizer que Deus não pode fazer e me convencer de que não há poder nas palavras que declaramos. Comecei a viver situações em que precisei exercer o poder da Palavra em muitas áreas e, como Ezequiel, profetizando como Deus ordena. Cada etapa que vencemos nas nossas vidas sempre nos levará a um nível maior.

Há alguns anos, a mãe da minha sobrinha teve um AVC que, para a medicina, era um quadro muito difícil de se reverter, então, guiada pelo Espírito de Deus, exerci o poder da Palavra e ordenei que aquela enfermidade não era para morte e que ela recebesse a cura no nome de Jesus. Porque, quando Deus manda, independentemente da distância, a circunstância tem que ouvir, com menos de 30 minutos ligaram do hospital e todos ficaram na expectativa do que seria, como resposta daquilo que havia sido profetizado eles disseram: "Ela acordou, pediu comida e disse que quer voltar para casa".

Nós precisamos entender que existem dois planos, o A que é crer e falar (2 Coríntios 4:13), o plano B é voltar ao A. Quando a gente crê no Senhor, aquilo que declararmos assim será, não vamos precisar pegar atalhos, nem buscar em outras fontes, porque a Sua Palavra é suficiente para tudo aquilo de que necessitamos. Vivi em outro tempo uma situação que quis me abalar emocionalmente, uma amiga com a qual lutamos juntas pela maternidade, logo após o nascimento do seu segundo filho, começou a apresentar alguns sintomas como febre, fraqueza e dores. Aos oito dias do parto, precisou retornar ao hospital por estar debilitada, foi internada, passou por uma série de exames laboratoriais e de imagens, alguns deles precisaram ser enviados para fora do país e, devido aos resultados recebidos dentro do hospital, foi necessário levá-la à UTI, onde passou em média dez dias.

Após a alta, aguardando o resultado dos exames, ao recebê-los foi diagnosticada com leucemia. Isso a fez me ligar em prantos, clamando por socorro. E em poucos dias, aquilo que era concretização de um sonho tinha virado um pesadelo, rapidamente eu com minha família nos dirigimos à casa dela, chegando lá eu me deparei com a família devastada. Então, repreendi toda ação contrária à Palavra de Deus e comecei a declarar a vida com base no que está escrito, levei-a a fazer algumas confissões de arrependimento por não confiar naquele momento em quem era poderoso para fazer infinitamente e além do que a medicina poderia proporcionar e, também, a fiz declarar com a sua própria boca a profecia de Isaías 53, que também encontramos em Mateus 8:17.

Guiada pelo Espírito, comecei a declarar que ela teria dois diagnósticos, quinze dias após ela retornou ao médico para fazer novos exames e começar o tratamento, ela me ligou antes de sair para o consultório e a fiz lembrar quem de fato ela é em Jesus, curada e sarada. Pegou o resultado dos exames e mostrou ao médico, que ao abrir virou-se para ela e disse: "Estudei muitos anos na minha vida e me deparo com uma situação que eu não sei te explicar, não existe mais nada aqui, vá para sua casa e viva sua vida, você é curada!" **De fato se cumpriu, ela tem os dois diagnósticos.**

Outro caso desafiador que me chegou por terceiros: eu não conhecia a criança e nem os seus pais, mas um de seus familiares procurou-me e pediu que estivesse orando por essa criança, que estava gravemente enferma, entubada com a doença de Sara (seus pulmões estavam com início de fibrose). No seu nascimento, precisou se submeter a um procedimento cirúrgico por uma fístula no esôfago, em função do que vivia uma vida de acompanhamento médico. E aos seis anos de idade ela adoeceu, e através de um exame de imagem foi detectada mais uma vez uma fístula aberta que a fez passar dias broncoaspirando e desenvolveu a síndrome respiratória aguda. Então, comecei a gerar primeiro dentro de mim para transmitir a vida de Deus àquela criança por meio de outros. Conhecendo a enfermeira que trabalhava no hospital onde a criança estava internada, entrei em contato com ela e disse: "Você vai ser, através da minha vida, boca de Deus na vida dessa criança". Ela me passou o quadro clínico, que era extremamente grave, e os médicos já haviam comunicado a equipe hospitalar que não desse nenhum tipo de esperança à família, mas eu na ousadia do Espírito usei o poder da Palavra para gerar cura naquela criança desenganada e trazê-la à vida que Cristo conquistou.

Em todos os plantões que a enfermeira estava, orientei que pusesse as mãos sobre a criança, a chamasse pelo nome declarando cura sobre todos os órgãos, e para todo relatório negativo que chegava eu a fazia declarar o poder da Palavra de Deus. Em três dias, para surpresa daquela enfermeira, ela ainda em êxtase falou: "Pastora, você acredita que a menina está melhorando?". Eu lhe respondi: "Ela sairá andando com os pés dela". Passaram-se os dias, tiraram a sedação, extubaram e começaram um tratamento para fortalecer seus pulmões e reabilitá-la fisicamente, para que depois pudessem fazer a cirurgia. Tendo alta, ainda em uso da sonda gástrica, continuei firme na Palavra declarando: "Essa fístula vai fechar, ela não vai fazer cirurgia, vão tirar a sonda e ela vai se alimentar!" Dias depois, retornou ao hospital para fazer os exames pré-operatórios, e mais uma vez, para surpresa dos médicos, não existia mais fístula, a sonda gástrica foi retirada, ela teve alta e toda sua família foi alcançada pelo poder curador da Palavra de Deus.

Não há nada demasiadamente impossível que o nosso Deus não possa fazer. Creia, profetize e verá que, em qualquer situação, você receberá vida através da Palavra.

"Palavras são sementes. Se você não semear, não colherá, por mais fértil que seja o solo chamado você."

ROBERTA DUARTE

MISSIONÁRIA ROSE ARAUJO

Olá! Paz do Senhor Jesus! Eu sou a Rosiene Araujo (Rose Araujo), casada com Reinaldo Araújo e mãe do Samuel, servimos a Deus na Assembleia de Deus, ministério Madureira, campo de Carapicuíba/ /SP. Agradeço a Deus pelo privilégio de escrever este capítulo e assim servir às pessoas com o que tenho nas mãos. Sou teóloga, terapeuta, conferencista, ministra do Evangelho, mentora e psicanalista.

Sou idealizadora do projeto Mulheres Vivendo o Extraordinário, autora do livro *Mulheres curadas para curar* e coautora do livro *Mulheres restaurando mulheres*. Faço *lives* constantemente no YouTube e no Instagram, por onde muitas mulheres já receberam a cura da alma através da Palavra. Desejo viver mais e sei que tudo quanto Deus me conceder assim o entregarei.

missroseoaraujooficial

+55 (11) 96161-6917

Missionária Rose Araujo

23 O ENCONTRO QUE TRANSFORMA

POR MISSIONÁRIA ROSE ARAUJO

Quando recebi o convite para fazer parte deste projeto tão especial, vindo da minha amiga, pastora Lilian, eu fiquei maravilhada e, por isso, quero iniciar falando a você, leitor(a), que Deus pode e Ele faz, ninguém pode invalidar os planos de Deus sobre o seu povo. Quem já teve um encontro com Deus sabe que não pode mais recuar, desistir ou parar, ninguém que O conheceu deseja ficar longe dEle, quem recebeu vida quer continuar desfrutando dela e só em Jesus temos vida em abundância. Beba dessa água e nunca mais terá sede, ela nos sacia, essa água que limpa, que purifica e traz vida. A mulher samaritana teve esse encontro transformador. Ver o projeto *Recebendo vida através da Palavra* levou-me a lembrar dessa mulher.

Quero dizer a você que nada é impossível e que todas as coisas contribuem juntamente para quem ama a Deus, você não chegou até aqui por acaso, saiba que existe um propósito, Deus tem o(a) conduzido a essa leitura e você pode até estar pensando: "Estou tão desanimado(a), triste, angustiado(a)", na verdade, pode estar dizendo: "Nem sei mais o que fazer", mas saiba que você vai vencer mais essas dificuldades, pois ao ter um encontro com Deus nada permanecerá como está. Você pode sim estar passando por um momento difícil, mas a Bíblia diz que nós passamos por tribulação neste mundo, mas devemos ter bom ânimo, Jesus venceu e nós venceremos no nome dEle (João 16:33).

Quando a mulher samaritana teve um encontro com Jesus no poço de Jacó, ninguém havia lhe avisado, ela fez o que todos os dias estava habituada a fazer, ir ao poço, um hábito costumeiro, mas ela experimentaria a partir desse dia o que nunca experimentou. Não podemos desprezar o que é natural, não podemos desprezar os nossos deveres; a obrigação dela era ir buscar água no poço, mas isso não tirava a vergonha imputada sobre a mesma, uma mulher improvável, desprezada, humilhada; o horário dela era diferente e sim, na situação dela, que já havia tido cinco maridos, Jesus disse: "O que tens agora não é teu".

Era uma mulher a quem não lhe tinham respeito, provavelmente ninguém a queria por perto. Imagine: quem quer fazer alguma coisa com alguém que não é exemplo? Todos a menosprezavam. Sem amigos, sem reputação, sem status, sem o olhar de misericórdia, o que ela recebia? O desprezo, o olhar de julgamento. Ela não tinha com quem conversar na fonte e agora Jesus estava se apresentando para ela e lhe pedindo água! Uau! Quando Jesus teve essa atitude, ela deve ter ficado extasiada: "Como pode Ele falar comigo?" E assim ela diz: "Você é judeu e fala comigo?".

Fazendo uma analogia, essa mulher poderia em seus pensamentos estar dizendo: "Será que Ele já sabe da minha fama, será que quer brincar comigo?". Mas veja, Jesus, já a conhecendo, diz: "Se soubesse quem fala contigo pediria e eu lhe daria água viva", então, ela diz: "Como, se o poço é fundo?". Ela ainda não estava entendendo, mas Jesus já estava falando com ela. Apesar da vida que ela vivia, não permitiu que a paralisassem, ela não ficou dentro da sua casa vivendo a vergonha, o medo e o desprezo, ao contrário, continuou sua via corriqueira e obteve o que nunca imaginou, ali, no lugar da desonra, no lugar, no caminho. A mesma saiu normalmente, como todos os dias, mas não voltaria pelo caminho como nos outros dias, não voltaria para casa da mesma forma, não ficaria mais calada como nos outros dias, não teria mais do que se envergonhar.

Aqui, o que era dor se transformou em alegria, o que era vergonha se transformou em honra, a humilhação se transformou em exaltação, o pecado foi perdoado, a transgressão foi apagada, o passado ficou no passado. Ela confessou a Jesus: "Não tenho marido". "Disseste bem, tiveste cinco e o que tens agora não é teu. Essa afirmação Jesus faz quando a mulher começa a ver quem Ele era e diz: "Eu quero beber dessa sua água". Ela reconhece e diz: "Estou vendo que és profeta". A mulher já está vivendo uma transformação, a chama do Espírito Santo já está ardendo em seu coração.

Quando Jesus se apresenta a um ser humano e Ele abre o coração como esta mulher o fez, a transformação é notória, não importa o que a pessoa viveu até aqui e como está neste momento, o que importa é que haja uma entrega, que reconheça, como essa mulher fez, que Cristo é o Salvador. Pode ter certeza de que haverá sinais, eles serão notórios a todos que estiverem à sua volta.

Quero orar com você neste momento, se possível ore em voz alta: "Senhor Jesus, tu és Santo. Não existe outro Deus além de Ti. Pequei contra Ti, mas peço, olha para as minhas limitações e me perdoa, meu passado não vai mais me conduzir, eu quero e aceito o Teu novo, que as portas sejam abertas sobre a minha vida. Deus, eu reconheço o Teu senhorio e entrego tudo o que sou e o que tenho em Tuas mãos e, sim, eu quero fazer aquilo que é da minha responsabilidade, não te transmito, mas confesso que preciso de Ti em tudo. Que o Teu nome seja glorificado através da minha vida, que os meus passos sejam, como disse o salmista Davi, confirmados pelo Senhor. Quero que o Senhor me perdoe, mas quero te dizer que também quero ser perdoador(a), como o Senhor ensinou. Deus, o Senhor conhece os meus pensamentos, antes mesmo de falar o Senhor já sabe, mas peço que essa esperança permaneça viva em mim a cada dia, assim irei prosseguir até a eternidade. Amém".

A vergonha não o(a) seguirá, Jesus chegou e aonde Ele chega e encontra um coração aberto, Ele faz morada.

Jesus chegou e fez a diferença na vida da samaritana, que decidiu viver aquela palavra, aceitou beber dessa água e ter vida, a mulher agora tinha a presença de Deus, Jesus declarou que era o Messias, ela não está mais aguentando e quer falar a todos. Uma mulher sem valor para os homens, mas encontrada por alguém que reconhecia o seu valor, uma mulher que tinha vergonha da história dela; todos os dias no poço, diante das águas, o seu próprio reflexo não conseguia olhar. Dificilmente alguém que não se orgulha de si próprio olha no espelho ou quer ver seu rosto refletir na água e, quando acontece, ao invés de alegria sente tristeza. Mas agora, com Jesus, tudo isso foi resolvido, a mulher poderia falar do que estava vivendo, essa mulher se tornou uma missionária, sim, a Bíblia nos relata isso (João 4:28-29). Ela deixou o seu cântaro e foi servir ao dono da obra, foi servir aos homens com alegria através do que recebeu. Só oferecemos o que temos, quem tem vida oferece vida, quem tem alegria oferece alegria, quem tem água oferece água, agora ela está dizendo: "Eu vivia oprimida, eu sei o que é isso, mas assim como já não sou escrava do pecado e não preciso mais ficar vivendo do passado, quero que todos sejam alcançados". Uau! Ela recebeu, agora está saindo para entregar.

Ninguém nasceu para viver sofrendo, Jesus é a fonte de água viva, nEle temos vida! Jesus não quer mudar o exterior de ninguém, Ele quer mudar o interior, a mulher samaritana foi transformada de dentro para fora.

Jesus não quer ninguém na beira do tanque, Ele quer que nós mergulhemos nas águas profundas, quem fica na beira nunca desfruta da transformação, só vai experimentar quando decidir mergulhar, entregar e confessar.

Não importa quantas pessoas estão à sua volta, se de repente nunca lhe apresentaram o dono da vida, o que limpa, purifica, santifica e leva para o céu. Veja, até os discípulos ficam maravilhados de ver Jesus falando com uma samaritana. O seu momento vai chegar! Quando Deus quer fazer Ele faz, mas quando você receber não faça igual, Deus não o(a) escolheu para viver sem propósito, a samaritana logo entendeu o seu propósito: ir por todo o mundo e pregar a Palavra. Que essa coragem invada as nossas vidas, que essa ousadia nos leve a ir um pouco mais.

A libertação chega quando Jesus chega e o ser humano reconhece, nEle somos libertos e curados. O propósito é maior do que o processo, a sua história não acaba, a dor não o(a) mata, está apenas começando.

Quando Jesus tem um encontro com Saulo no caminho de Damasco, a resposta é "Ananias, vai lá, pois ele é para mim um vaso escolhido" (Atos 9:10-22, NVI). Discorrendo sobre essa história, para a sociedade Saulo era um perseguidor e nesse momento estava vindo para acabar com todos, mas Jesus teve um encontro que transformou o perseguidor em um homem dedicado ao seu Reino e às pessoas. Não existe coração que Deus não tenha poder para transformar (Ezequiel 36:26, NVI), quem tem encontro com Deus não permanece da mesma forma, não continua com os mesmos hábitos, não continua com as mesmas atitudes. Deus transforma quem a sociedade abomina, devolve integridade como fez com a samaritana, traz à existência aquilo que não existe, a quem não tem identidade Ele faz ter e habitar entre príncipes, onde não era bem-vindo, começa a ser, aonde não era para chegar, chega, aonde não era para habitar, habita, porque com Jesus é avançar e avançar.

Ore comigo o Salmo 138:1-8 e agradeça:

Ó, Senhor Deus, eu Te agradeço de todo o coração;

diante de todos os deuses eu canto hinos de louvor a Ti.

Por causa do Teu amor e da Tua fidelidade,

eu me ajoelho virado para o Teu santo Templo e dou graças a Ti.

Pois tens mostrado que o Teu nome e as Tuas promessas estão acima de tudo.

Quando te chamei, Tu me respondeste e, com o Teu poder, aumentaste as minhas forças.

Ó, Senhor Deus, todos os reis da terra Te louvarão

quando ouvirem falar das Tuas promessas.

Eles cantarão a respeito das coisas

que Tu, ó Senhor, tens feito, pois grande é a Tua glória.

Tu estás lá nas alturas, mas assim mesmo Te interessas pelos humildes,

e os orgulhosos não podem se

esconder de Ti.

Quando estou cercado de perigos, Tu me dás segurança.

A Tua força me protege do ódio dos meus inimigos;

Tu me salvas pelo Teu poder.

Tu cumprirás tudo o que me prometeste.

O Teu amor dura para sempre,

ó, Senhor Deus. Não abandones o trabalho que começaste.

Amém.

Referências

BÍBLIA. Português. Bíblia de estudo: nova tradução na linguagem de hoje. Barueri: Sociedade Bíblica do Brasil, 2019.

BÍBLIA. Português. Nova versão internacional. Guarulhos: Vida, 2001.

“Jesus transforma encontro natural em encontro sobrenatural, o comum em incomum. Você vai viver.”

MISSIONÁRIA ROSE ARAUJO

PASTORA ROSILENE OLIVEIRA

Sou Rosilene Oliveira, natural de Pio VXII/MA, resido em Uberaba/MG com minha linda família: meu esposo Jânio Henrique, com quem estou casada há dezoito anos, e meus filhos Marcos Henrique e Marcelo Henrique.

Tenho o 2º grau completo e formação em Magistério, hoje trabalho como empreendedora juntamente com meu esposo.

Estou como pastora dos ministérios Kids, Link (pré-adolescentes) e Rocket (adolescentes) da Igreja Batista Lagoinha, em Uberaba/MG.

Sempre me desafiei a olhar para frente para viver os sonhos de Deus para minha vida, sem pular etapas, fazendo o que é necessário para que eles aconteçam, com plena convicção e fé para realizá-los.

pra.rosy.oliveiraalegria

+55 (34) 99856-5388

santosrosilenesantosoliveira@gmail.com

RECEBENDO **VIDA**
ATRAVÉS DA **PALAVRA**
VOLUME 2

24 A RESPOSTA ESTÁ NO SEU POSICIONAMENTO EM DEUS

POR PASTORA ROSILENE OLIVEIRA

Sou filha da Dona Raimunda e do Sr. Raimundo, ambos trabalhavam na roça quando nasci, somos quatro filhas e sempre o maior desafio foi a nossa criação no interior do Maranhão, com muitas dificuldades financeiras.

Aos 3 anos eu já cantava na igreja, colocavam-me em cima de um banco para que as pessoas pudessem me ver. Morávamos em um pequeno vilarejo, onde as casas eram feitas de barro, chão batido, o telhado era de palha, a luz que tínhamos era de lamparina e a água tínhamos que pegar no poço. Apesar de uma infância muito pobre e com muita escassez, nunca deixei de viver intensamente todos os momentos da minha vida e, aos seis anos, fui morar com meus avós na cidade de Bacabal/MA.s

A primeira vez em que eu tive contato com a escola foi na casa da vizinha da minha avó, ela dava aulas particulares; comecei a enxergar a vida com outros olhos e, a partir daquele momento, eu queria aprender mais, dentro de mim a visão sobre o futuro começou a mudar, meu sonho era ser professora. Não demorou muito tempo, meus pais também mudaram para a cidade com minhas três irmãs, a situação melhorou um pouco, ganhamos um terreno e a vizinha, que tinha uma condição melhor, ajudou-nos na construção da nossa nova casa, tudo muito simples. Aquela nova casa deu-me esperança de que coisas melhores poderiam acontecer, mas não aconteceu da forma que eu pensei, às vezes nem o que comer tínhamos, apenas meu pai trabalhava.

Com o passar do tempo, os questionamentos começaram a ser meus aliados, eu era inconformada com aquela situação de pobreza que vivíamos, eu queria mudanças, apesar de toda aquela situação eu tinha uma certeza:

"Deus estava sempre comigo", essa certeza sempre me deu muita força e fé. Recordo-me de servir em todos os ministérios da igreja onde estava inserida na época (Assembleia de Deus), eu amava participar de todos os eventos. As viagens, congressos, retiros, as campanhas de oração, eu sempre fui essa pessoa alegre, cheia de sonhos, fácil de fazer amizades.

O Senhor escolheu-me para fazer a diferença, quebrar ciclos, mudar destinos. Aos 17 anos, tive meu primeiro emprego, eu estava muito feliz porque agora eu poderia comprar minhas coisas, meu salário era de R$ 70,00 (setenta reais) por mês, comecei a fazer muitos planos com esse salário, um deles era mudar de cidade, sim, eu estava decidida a mudar de estado.

Se eu tive medo de não dar certo? Sim, mas meu desejo de mudar aquela situação era maior que meu medo, eu tinha que me posicionar. Uma das minhas irmãs já morava em Uberaba/MG. Como sou grata a ela por ter sido um canal de bênçãos na minha vida! Eu estava decidida a mudar aquela situação, era esse o desejo do meu coração. Aos 19 anos, no dia 5 de janeiro de 2001, mudei para Uberaba sem olhar para trás, eram muitos os planos para aquela nova etapa, novo local, novas pessoas, vida nova.

Sabia que não seria fácil recomeçar, mas sempre acreditei que o meu Deus, que começa a boa obra, é fiel e justo, tudo daria certo, Deus tinha um propósito para me tirar da minha cidade natal.

Logo consegui meu primeiro emprego com carteira assinada em uma creche comunitária. Gratidão pelo apoio da Manuelita (minha patroa em 2001), confesso que não foi fácil viver essa nova fase tão distante das pessoas que eu amava, a saudade dos meus pais... e, devido a algumas circunstâncias, morei na sala da creche em que eu dava aula por alguns meses, até encontrar um lugar seguro, mas graças a Deus isso foi por pouco tempo.

No mesmo ano, em 2001, conheci meu esposo, já não me sentia tão sozinha como antes, realmente Deus estava cuidando de mim em todo o tempo. Passaram dois anos e meus pais também vieram para Uberaba, com minhas irmãs e sobrinhas, fomos morar todos juntos.

Em 2005, tivemos o nosso primeiro filho, nesse período eu já não trabalhava na creche, eu e meu esposo decidimos começar nosso próprio negócio, saindo da tradicional carteira de trabalho, compramos um ***trailer*** e começamos a vender pastéis em uma praça bem movimentada na cidade. Em 2006 nós nos casamos, oficializando a nossa união, em 2010 tivemos o nosso segundo filho, e aqui quero externar minha gratidão pela vida da minha sogra Iêda Helena, que me ajudou nos momentos em que sempre precisei e por cuidar, sem medir esforços, dos meus filhos.

Vivemos períodos de altos e baixos ao longo dessa jornada chamada vida, sempre confiando no que diz a palavra de Deus: "Todas as coisas cooperam para o bem daqueles que amam a Deus, daqueles que são chamados segundo o seu propósito" (Romanos 8:28).

Hoje ainda trabalhamos com a venda das massas de pastéis e temos uma pastelaria fixa que funciona todos os domingos, e alguns empreendimentos também. Confesso que tudo era desafiador para mim, várias vezes pensei que não iria conseguir, os processos foram dolorosos, esmagadores. Eu estava sendo forjada, preparada para viver o propósito dEle para mim. Sigo crendo que Deus tem coisas maiores para minha vida e minha família e que vai ser como eu pedi, o medo não vai roubar a convicção da promessa que recebi de Deus.

"Porém a pessoa que observa atentamente a lei perfeita, a lei da liberdade, e nela persevera, não sendo ouvinte negligente, mas praticante zeloso, será muito feliz em tudo o que empreender" (Thiago 1:25).

"Os tempos de incerteza contam sempre com a presença de Deus e sua capacidade de transmitir sabedoria, intimidade e paz" (Jakes, 2021).

Aprendi nessa vida que o posicionamento com autoridade é necessário, sempre pedi sabedoria para Deus para nunca desistir, mesmo que tudo parecesse estar desmoronando. A ordem de Deus para mim era: "Seja forte e corajosa", sempre busquei viver uma vida em plenitude e vencer os meus próprios desafios diários.

"Fui eu que te ordenei: seja forte e corajoso. Não se apavore e não desanime, pois eu, o Senhor, o seu Deus, estarei com você por onde você andar" (Josué 1:9).

Posso afirmar com toda certeza que a metamorfose, a renovação de mente foi necessária para viver tudo que vivi até aqui. Minha pastora Vera Lúcia sempre fala: "Você é o que você pensa, mude seus pensamentos e sua vida irá mudar, o que muda uma vida é a mente". Seguir a vida com pensamentos diferentes, andar de acordo com os padrões de Cristo, a transformação tem que ser de dentro para fora, tudo começa em você, escolha ir além da sua mentalidade de derrota, acredite no que Deus pensa sobre você.

"E não vos conformeis com este mundo, mas transformai-vos pela renovação do vosso entendimento, para que experimenteis qual seja a boa, agradável e perfeita vontade de Deus" (Romanos 12:2).

A vontade de Deus sempre será a melhor para vivermos uma vida em plenitude e rompermos os obstáculos, medos, sofismas. Hoje entendo que a nossa pressa pelo agir de Deus nos deixa ansiosos e, muitas vezes, pensamos que Deus não está nos ouvindo, na verdade Ele está atento, vendo e ouvindo tudo, porém Seu tempo é diferente do nosso.

"E não estejais ansiosos por coisa alguma; antes, as vossas petições sejam em tudo conhecidas diante de Deus pela oração e súplica, com ações de graças" (Filipenses 4:6).

O tempo de Deus é perfeito e tudo que Ele faz é perfeito, que possamos saber esperar, confiar, entender e respeitar os processos do agir de Deus.

"Os que confiam no Senhor são como o monte Sião que não se abala, mas permanece para sempre. Como estão os montes à roda de Jerusalém, assim o Senhor está em volta do seu povo, desde agora e para sempre" (Salmo 125:1-2).

Para vivermos para Deus precisamos de uma ativação impulsionada pela palavra de Deus, não existe capítulo isolado na nossa história, tudo se conecta ao propósito de Deus. A revelação é necessária para que possamos viver esse propósito, é nessa revelação que encontramos a verdadeira ativação do nosso destino para vivermos o novo de Deus. O posicionamento é extremamente necessário para acessarmos o que já está pronto. Pare de achar que você não consegue, que não merece, pare de ficar pensando o que o outro vai achar, isso tudo são prisões mentais, assumir e olhar para nós mesmos dói, tenha a mente de Cristo e governe.

> Quem não tem o Espírito não compreende as coisas que vêm do Espírito de Deus, pois lhes são loucuras, e não é capaz de entendê-las, porque elas são discernidas espiritualmente. Contudo, aquele que é espiritual pode discernir todas as coisas, e ele mesmo por ninguém é compreendido; porquanto, quem jamais conheceu a mente do Senhor, para que possa instruí-lo? Todavia nós temos a mente de Cristo! (1 Coríntios 2:14-16)

Precisamos aprender com Jesus, Ele é o nosso maior exemplo de que venceremos, e que você possa depositar sua confiança em Cristo, e quando você coloca em prática o que a Palavra diz, você fica em paz. Ser um vencedor é ser forjado para vencer, não fique muito tempo no mesmo processo, passe para a próxima fase com urgência.

"Tu guardarás em perfeita paz aquele cujo propósito está alicerçado em ti, porquanto deposita em ti toda confiança! Confia para sempre no Senhor, pois o eterno, somente Deus é a rocha que vive eternamente" (Isaías 26:3-4).

Não é a situação que o(a) determina, é Cristo que o(a) fortalece, humilhe-se, corra atrás de Jesus, não desista do seu milagre. Deposite sua esperança nEle. Não importa qual área da sua vida precisa de um milagre, Deus deseja reconstruir por inteiro, Ele lhe dá resistência para vencer as tempestades.

"Contudo, quero lembrar do que pode me dar esperança" (Lamentações 3:21).

Lembre-se: até as frustrações cooperam para o seu bem, faz parte do processo de maturidade, permita que o Espírito Santo o(a) guie. Quando Jesus ressuscitou e subiu aos céus Ele deixou esse amigo tão especial, o nosso consolador amigo Espírito Santo.

> E eu pedirei ao Pai que vos envie outro consolador e este nunca vos abandonará. Ele é o Espírito Santo que conduz a toda verdade. O mundo não o pode receber, porque não o procura e nem o reconhece. Mas vocês sim, pois Ele vive conosco e estará mesmo no vosso íntimo. (João 14:16-17)

Chame por Ele, clame por Ele, tenha relacionamento com Ele, suplique a Ele.

Amém!

Referência

JAKES, Thomas Dexter. **Da pressão ao propósito**. Trad. Jurandy Bravo. São Paulo: Vida, 2021.

“Quando somos escolhidos e separados para vivermos o propósito de Deus, nenhum poço vai nos impedir de chegar ao palácio.”

PASTORA ROSILENE OLIVEIRA

GRACE
Galfi
ORGANIC BTX
UVA
Galfi
BLOND
SHAMPOO
UVA

SIMONE VIEIRA

Olá! Eu me chamo Simone Vieira Mota, tenho 37 anos, sou cristã, congrego na Igreja Avivamento Bíblico, sou filha de Terezinha da Silva e de Manoel Vieira Mota, sou filha de pais separados. Pais que formaram outras famílias, mãe de 4 filhos maravilhosos, os quais, mesmo com tudo que passamos, eu, com ajuda de Deus, consegui educar e ensinar a amar a Deus acima de todas as coisas e, hoje, eles são alicerçados em Deus.

Sou empreendedora no ramo de beleza e estética, atuo como cabelereira há mais de quinze anos e, nos últimos anos, venho, com a ajuda de Deus, descobrindo que chamado e vocação andam juntos e que crescer com Deus é também ser instruída a respeito de profissionalismo, gestão e superação de conflitos.

studiosimonevieira

+55 (11) 99904-3711

+55 (11) 97366-6427

RECEBENDO **VIDA**
ATRAVÉS DA **PALAVRA**
VOLUME 2

25 EU TINHA UM SONHO, UMA GARAGEM E MUITA FÉ

POR SIMONE VIEIRA

Fui mãe com apenas 14 anos da Pamela, e logo vieram os outros: Patrícia, Samuel e Ana Clara. Quando a mais velha tinha seis meses, eu sofri uma perda, a morte do meu irmão mais velho, com 24 anos. Passado um tempo, sentada no sofá escutando o rádio, o Senhor falou fortemente e naquele momento reconciliei-me e nunca mais saí da presença do Senhor. Na época, eu não imaginava os processos pelos quais iria passar e que o Senhor estaria me ensinando a ter resiliência para viver os propósitos em minha vida.

Quando engravidei da segunda filha, com oito meses um diagnóstico: após um ultrassom, viu-se que ela estava com teratoma sacrococcígeo, então começou outro processo até o parto, teria que ter muito cuidado, o risco de ela morrer era grande. Eu com apenas 17 anos de idade e já vivendo tudo isso! Mas sempre tive muita fé, acreditei e agarrei na Palavra de Deus. Após dez dias de vida, ela fez a cirurgia e, durante o processo de recuperação, fomos orando e crendo que o Senhor poderia fechar o ferimento, e para a glória de Deus, depois de um mês, ela estava bem e saudável. Sempre sonhei em ser mãe e esposa, gosto de família grande, tornei-me esposa e tudo com muito amor e dedicação.

Em 2010, surgiu a oportunidade de fazer um curso básico de cabeleireira em um instituto gratuito e agarrei a oportunidade com todas as minhas forças. Comecei o curso estudando três vezes na semana, com muitas dificuldades, pois as crianças eram pequenas, a valorização da profissão ainda era algo muito distante, pois ninguém via como um trabalho que desse retorno, mesmo assim, não desisti.

Na época, o dinheiro era algo contado. Deus, com sua bondade, colocou uma amiga no meu caminho e ela fazia cones trufados, então levei para o curso, para tentar vender, e logo a oportunidade de levantar o dinheiro da condução. Como o curso era perto da casa da minha mãe, eu conseguia almoçar lá mesmo. Com poucos meses fazendo o curso, comecei a fazer escova e hidratação; eu tinha um espelho grande, comprido, coloquei na parte de fora da minha casa com uma cadeira normal e comecei. Divulguei na rua onde morava e de vez em quando eu fazia uma escova com muito carinho e dedicação. E aí terminei meu curso, que durou três meses.

Aos poucos, fui terminando minha garagem e sempre tentando fazer o melhor nas condições que eu tinha; meus filhos foram crescendo e me ajudando, cada um tinha uma função: a Pamela ajudava com ideias, cartões simples, mas sempre com muita dedicação, o Samuel ficava responsável lavando a garagem e deixando tudo limpo e organizado, a Patrícia, com 8 anos, ajudava a lavar cabelos e aplicar produtos, sempre muito comunicativa e carinhosa, já fazia toda a diferença.

Fiquei na garagem por oito anos, sonhando e crendo. Em 2013, após doze anos de casada, acontece o inesperado: em um domingo à tarde chegou uma mulher no meu portão, minha filha do meio atendeu, a pessoa apresentou-se como namorada do meu marido. Meu mundo caiu, devido a não ser a primeira traição, foi muito impactante a separação e a desilusão.

Passei um período muito difícil, mas sempre acreditando nos planos do Senhor, ainda que o desânimo batesse à porta a todo momento, mesmo assim, continuei tentando. Depois de alguns meses confusa, desequilibrada, em um momento de raiva, bati minhas mãos na porta de casa, o vidro quebrou, cortando meu pulso, e aí começou outro processo: perdi o movimento de três dedos e os médicos falaram que eu não iria mais mexer a mão. Foi muito desesperador, pois fazer cabelo era o que eu sabia, depois de meses de muita dor e sofrimento fiz a cirurgia. Depois de um ano de muita dor eu voltei a atender e as poucos fui melhorando, Deus nos sustentou durante todo esse processo.

Após esse tempo, certo dia acordo e percebo que não havia nada para tomarmos café, então fiz uma oração na minha cozinha, crendo que Deus poderia enviar uma cliente. Em poucos minutos, um carro preto parou e a pessoa falou: "Tem como fazer uma progressiva?". Eu logo respondi "sim", chorei de tanta gratidão! Ela é minha cliente até hoje e sempre a chamo de "a cliente do milagre". Enfim, esses são apenas alguns dos milagres e cuidados de Deus para comigo e para com meus filhos.

Em 2014, entrei em outro relacionamento sem pedir a direção de Deus e principalmente sem estar curada; com um ano engravidei, foi uma gravidez muito difícil, cheia de cuidados excessivos, pois tive descolamento da placenta e precisei ficar de repouso, mas o Senhor sempre esteve comigo e eu e minha filha saímos do hospital vitoriosas.

Em 2019, separei-me novamente e, por meio dessa separação tão difícil, cheia de traumas que tive, tomei uma decisão de que eu precisava mudar; então, entrei em meu quarto, fiz uma oração como eu nunca havia feito e, a partir dali, comecei uma nova história. Vi que continuar naquela garagem não daria mais, pois, separada e agora com 4 filhos seria impossível sustentá-los. Então, decidi que iria procurar algum salão para trabalhar e assim o fiz. Logo estava trabalhando em um salão onde a pessoa me deu oportunidade de trabalhar e, lá, ensinou-me muito. Comecei a trabalhar no meio do ano de 2019 e, logo em 2020, veio a pandemia e mais uma vez outro desafio. Deus, com Sua infinita misericórdia, nos sustenta naqueles períodos tão difíceis, e assim esse foi o ano em que mais trabalhei na minha vida, dessa forma, cada vez mais o Senhor ia me dando graça.

Em 2021, veio a oportunidade para eu abrir o meu salão e, agora, seria em uma avenida principal. Mesmo com muito medo e sem saber direito como fazer, agarrei a oportunidade e fui em frente, e sempre os meus filhos comigo, ajudando-me com mudança, pintura e organização. Aí veio a hora de colocar o nome do meu salão. Seria "Beleza Renovada", mas eu queria algo diferente, então o Senhor falou comigo e assim nasceu Studio Simone Vieira. O engraçado é que nunca fui muito fã do meu nome e, hoje, tenho tanto orgulho que meus olhos se enchem de lágrimas só de estar aqui escrevendo.

Aos poucos, fui montando minha equipe de seis colaboradores, sou muito grata pois tenho dois colaboradores que se tornaram meus amigos, braços direitos e estão comigo até hoje! Mas os desafios não pararam por aí. Depois de tudo no lugar, a pandemia continuava lá, eu e meus filhos pegamos covid-19, tive que ficar quinza dias com o *studio* fechado, pessoas que trabalhavam comigo saíram e lá eu estava sozinha com um aluguel caríssimo na época, sem experiência nenhuma, sentia-me perdida. Mas uma coisa nunca deixei de fazer: mesmo cheia de falhas, às vezes sem esperança, eu clamava e, mesmo com pouca fé, acreditava que Deus estava no controle de tudo.

Enfim, depois de quinze dias com o *studio* fechado, em uma conversa com minhas filhas na cozinha da minha casa, falei: "Bom, vou fechar o *studio*, pois não tenho dinheiro para pagar o aluguel e até aqui nos ajudou o Senhor", mas em seguida também falei assim: "Bom, mas eu creio que se Deus quiser enviar uma só cliente para pagar o aluguel, Ele fará". No outro dia, eu e a

Patrícia fomos para o studio e ali começamos a limpar e cuidar de tudo, como fazíamos sempre. Logo veio uma cliente e perguntou se eu poderia pintar seu cabelo, eu falei "sim", na época eu cobrava R$ 15,00 para aplicar a coloração, passei a coloração e internamente pensei: "mais tarde já falo com dono que vou entregar o salão", mas o engraçado é que meu coração estava tão em paz... e assim o dia passou. Quando foi por volta de 17h, eu quase fechando, passou uma mulher e perguntou se eu fazia unha e cabelo, eu respondi que sim, ela falou: "Já, já eu volto!", respondi: "Tá bom". Ela voltou com a irmã dela e começaram a fazer unha e cabelo, compraram roupas, pois eu tinha uma loja dentro do *studio*, e assim foi indo, ela deixou vários procedimentos pagos para outros dias e, fora o que elas estavam fazendo, eu comecei a olhar para minha filha e a querer chorar, pois estava acontecendo o que eu havia falado: no final, aquela mulher, que não virou minha cliente fixa, passou no débito mais de R$ 1.500,00 e, assim, paguei o aluguel e os colaboradores e o *studio* permaneceu aberto.

Passou um tempo e um amigo, enviado por Deus, passou no *studio* e me falou: "Simone, tem um lugar bom ali para você abrir seu *studio*". Deu uma pausa e complementou: "Não para você fechar esse, e sim abrir outro". Eu agradeci e fiquei pensativa. Logo começamos a arrumar, organizar tudo que precisava para abrir o novo *studio*, em outra avenida principal, foi aquela correria, chegou o dia de inaugurar o outro *studio* e foi lindo, mas perfeito não poderia ser. Passou mais um tempo e, em 2022, Deus falou-me: "Agora sim, chegou o tempo de fechar o *studio* 1", e assim foi, fechei em paz.

Fiquei só com o *studio* 2 e lá, praticamente, comecei do zero e aos poucos fui conquistando clientes, sempre com muito amor, disciplina e dedicação. Lembro-me que muitas vezes eu e o Fernando ficávamos até tarde atendendo, trabalhando de domingo a domingo e, ainda quando não tínhamos clientes, saíamos para entregar panfletos e assim fomos crescendo. O mais gratificante era que cada cliente que se sentava na minha cadeira era impactada com meu testemunho e eu fui entendendo os propósitos de Deus em minha vida. Muitas pessoas passaram por lá, muito aprendizado e decepção, muitas histórias boas e ruins, assim é feita nossa vida, eu sempre superando tudo com muita resiliência e fé.

O espaço era pequeno e não tinha como expandir e cada vez mais ia aumentando o número de clientes. Depois de um ano naquele espaço, inaugurei outro espaço maior na mesma rua, Deus foi preparando tudo e em cada detalhe vejo a mão de dEle.

2023 foi um ano muito difícil e cheios de desafios: ser mãe, empresária, empreendedora; fazer gestão financeira, gestão de pessoas nunca será tarefa fácil, mas vale a pena, pois quando amamos o que fazemos tudo se torna leve.

Sempre fui insegura e dependente de pessoas, sempre me achando incapaz. E hoje posso dizer que sou curada, liberta de dores, medos, inseguranças, traições e perdas, hoje sei quem sou em Deus, aprendi a depender somente e unicamente dEle, sou mais que vencedora em Cristo Jesus. No ano de 2024, mais uma vez irei ampliar nosso espaço, sou grata por cada pessoa que passou por mim, tenho certeza de que cada uma delas me fez chegar até aqui e agradeço os cuidados de Deus sobre cada detalhe da minha história.

“Que possamos sempre ter resiliência e entender que nosso propósito sempre será sobre cuidar, transformar e inspirar vidas.”

SIMONE VIEIRA

VERONICA MARTINS

Sou Veronica Martins, resido em Três Rios/RJ, moro com meus pais e congrego na Igreja Evangélica Projeto Semear, no bairro Triângulo, pastoreada pelo Pr. Claudio Lima e pela Pra. Josiana Oliveira.

Atualmente tenho 30 anos, sou missionária, estudante e praticante das Escrituras, pregadora itinerante desde os meus 19 anos, mas atuo de forma integral há quatro anos, pregando a Palavra pelo Brasil.

Tenho inspirado jovens e mulheres a abraçarem o chamado e a viverem os propósitos de Deus para as suas vidas. Reconheço que tudo que vivo hoje é resultado da graça de Deus sobre a minha vida, e meu compromisso é continuar sendo um instrumento em Suas mãos para alcançar vidas através da Sua palavra!

veronicamartinsofc

+55 (24) 99292-4738

contatosveronicamartins@hotmail.com

RECEBENDO VIDA
ATRAVÉS DA PALAVRA
VOLUME 2

26 VIVENDO O CUMPRIMENTO DE UMA PALAVRA

POR VERONICA MARTINS

Já viveu um tempo de silêncio de Deus? Era exatamente esse tempo que o povo estava vivendo no capítulo 1 do Evangelho de Jesus segundo Lucas escreveu. Não havia palavra profética naquela época. Apenas silêncio e uma expectativa: quem vai gerar o Messias?

O início do período da Nova Aliança vem trazendo para nós um casal sacerdotal: Zacarias e Isabel. A Bíblia diz para nós que eles eram justos e irrepreensíveis diante de Deus, mas ainda assim havia uma falta. Isabel não podia gerar filhos, ela era estéril e os dois eram avançados em idade.

Porém, mesmo diante dessa falta, Zacarias cumpria o seu serviço no templo. Sendo sacerdote, ele tinha a responsabilidade de levar as orações do povo para Deus. E em um desses dias de serviço, sob a incumbência de queimar incenso no altar, o anjo do Senhor apareceu à direita do altar trazendo uma resposta para Zacarias: **"Não temas, porque a tua oração foi ouvida e Isabel, tua mulher, irá gerar!"**.

Quem diria que aquele seria o dia em que Deus começaria a mudar a vida desse casal? Quem diria que eles dariam início a um novo tempo, sendo Isabel a responsável pelo ventre que geraria aquele que abriria caminho para o Salvador? Mas ainda bem que Deus é Aquele que muda a nossa realidade em um dia aparentemente comum e faz o extraordinário no meio do nosso ordinário.

Lembra de Davi? Em um dia comum, cuidando das ovelhas do seu pai, mandaram-no chamar e quando ele chegou em casa foi ungido para ser o novo rei de Israel. Deus faz assim, Ele chega sem avisar e muda tudo!

Zacarias ouviu a mensagem do anjo, mas em vez de se alegrar, ele duvidou, porque a sua realidade não combinava com o que Deus estava falando no momento. Isso nos faz entender que a oração de Zacarias era antiga, mas Deus decidiu responder naquele tempo. No tempo que Zacarias orava por isso, no pensamento dele dava tempo de Deus fazer, ele ainda acreditava, mas agora, no tempo da resposta, não. Zacarias não havia entendido que: orações antigas podem ser esquecidas por quem fez, mas jamais serão esquecidas por Aquele que ouviu! Deus ouviu e decidiu responder!

Mas Zacarias duvidou. Duvidou porque já eram velhos. Duvidou porque Isabel era estéril. Duvidou porque o tempo já havia passado demais. Mas agora, independentemente de qualquer coisa, eles tinham uma palavra!

Zacarias não creu e por causa disso ficou mudo. Algumas promessas trazem para nós marcas temporárias. Ele foi marcado, terminou os seus dias de serviço e foi para casa. Chegando em casa, Deus se lembrou (decidiu cumprir o que disse) de Isabel e ela ficou grávida!

Isabel agora estava grávida de João. Mas em vez de exibir isso, a princípio ela resolveu se esconder por cinco meses. Ela ensina para nós que há um tempo certo para todas as coisas, até mesmo para compartilharmos o cumprimento de uma promessa. Ela mostrou para nós que promessa sendo gerada não precisa ser exibida antes do tempo!

Você não precisa exibir a todos o que Deus está fazendo na sua vida, há coisas que por si só, no tempo certo, aparecerão. Uma grávida não precisa anunciar isso, chega um tempo que todo mundo nota. Deus estava tirando a vergonha da casa de Isabel, como esta declara em Lucas 1:25, mas ela não fez questão de mostrar isso com rapidez. Existem muitas pessoas que fazem papel de abortadores de promessas, sonhos e projetos, e por causa disso precisamos fazer o mesmo, ocultarmo-nos por um tempo. Gerar em silêncio.

Aquilo que Deus está colocando aí dentro de você é necessário demais para esse tempo, e por isso você precisa tomar cuidado com os lugares que frequenta, pessoas com que se relaciona, alianças que firma e mesas em que se senta. Isabel não andava mais sozinha, e você também não!

Zacarias mudo e Isabel reclusa nos ensinam que, durante o processo de gestação de uma promessa, o ato de ficar sem falar e ficar sem aparecer se faz necessário. É nesse tempo que entendemos de fato o que Deus nos "emprestou" e nos confiou para carregarmos. Há um propósito muito maior do que você imagina, e é por isso que o inimigo fará de tudo para que essa promessa não nasça!

Esconder-se não é insegurança, esconder-se nesse caso era proteção! Enquanto Isabel estava escondida, o anjo Gabriel, que visitou Zacarias no templo, agora estava visitando Maria, em Nazaré. Uma jovem comum, que estava noiva, mas também prestes a viver algo poderoso. O Céu ama selecionar pessoas comuns para gerar o extraordinário.

Maria é visitada pelo anjo e recebe a notícia de que ela foi escolhida para gerar Jesus, o Salvador. Diante desse grande anúncio, o anjo também fala com ela acerca de Isabel, sua prima, que era estéril, mas agora estava grávida. Logo após o anjo ausentou-se, Maria "arrumou as malas" e foi para a casa de Isabel. Sim, a Isabel que estava escondida agora iria receber a visita de Maria, porque se tem algo que Deus ama fazer é juntar pessoas que entenderam o seu propósito. E nesse caso aqui, elas se completavam!

Isabel gerando João e Maria gerando Jesus. Uma gerando o Salvador, e outra gerando aquele que abriria caminho para Ele!

Quando Maria chega à casa de Isabel, na sua saudação, o menino saltou no ventre de Isabel e ela foi cheia do Espírito Santo. Não era a saudação de Maria que havia feito isso, mas quem Maria carregava dentro de si. Quando eu O carrego dentro de mim, Ele me dá poder para movimentar promessas na vida de quem está perto de mim. Entenda que o que você carrega não é comum. Você pode até ser, mas o que tem aí dentro não é!

Cheia do Espírito Santo, Isabel logo exclama: "Bendita és tu entre as mulheres e bendito é o fruto do teu ventre, que honra receber a mãe do meu Senhor na minha casa" (Lucas 1:42-43).

Duas coisas me chamam a atenção na fala de Isabel. A primeira, é o fato de Maria não precisar dizer quem era, e nem o que ela carregava dentro dela. Quem tem Jesus na vida não precisa fazer propaganda, quando pisa no ambiente nós já notamos. Isabel sentiu isso só com a sua chegada! Nós não precisamos ficar preocupados em nos apresentar, o próprio Deus que colocou algo dentro de você se encarrega de fazer isso. Ele cria situações para revelar quem você é!

A segunda coisa que me chama a atenção na fala de Isabel é o fato de ela reconhecer que quem Maria gerava era o seu Senhor, sem se sentir ameaçada com isso. Pelo contrário, ela se sentiu honrada! Isabel gerava João, que apesar do anjo dizer que ele seria grande, não seria maior do que Jesus. Ela entendia com muita maturidade que Maria carregava algo maior que ela.

Isabel nos ensina que o fato de alguém carregar algo maior que eu não me diminui. Precisamos parar de gerar para disputarmos e entendermos que geramos para um propósito. Aquilo falta em mim, completa-se em outra pessoa. O que eu não faço, alguém fará.

Nós não disputamos, nós nos completamos!

Nem sempre o maior projeto virá de mim, e está tudo bem. Nem sempre a promessa em evidência será a minha, e está tudo bem. O que importa é que independentemente do tamanho da promessa, ou de quem vai aparecer mais, eu carrego algo aqui dentro, que irá cooperar para a expansão do Reino de Deus.

Precisamos a cada dia ter a convicção daquilo que o Senhor nos confiou para fazer e de quem somos no Reino, porque assim não enxergaremos ninguém como ameaça. Assim não tornaremos ninguém como nossos rivais, mas sim como nossos aliados para um grande propósito.

Isabel começou a gerar primeiro, Maria chegou depois. Algumas pessoas chegarão depois em nossa vida, com algo bem maior, e isso nos mostra que não é sobre quem chega primeiro, mas sobre quem o Céu escolheu para tal coisa. Antes de alguém aqui embaixo concordar, no Céu já estava tudo decidido!

E foi o próprio Deus que criou essa conexão entre as duas. E eu quero declarar que esse tempo também chegará na sua vida. Deus vai trazer para perto de você pessoas que estão vivendo um tempo parecido com o seu. Pessoas que vão honrar o que você carrega. Pessoas que vão ajudá-la no período da gestação. Pessoas que vão impulsioná-la. Pessoas que vão completar o que Deus lhe deu em vez de disputarem com isso.

Prepare-se para viver um tempo de novas conexões com pessoas que vão trazer movimento para a sua promessa, e além disso fazer você ser mais cheia do Espírito Santo.

Prepare-se para estar perto de pessoas que carregam Jesus!

Maria ficou com Isabel por três meses e depois voltou para casa. Isabel deu à luz, e quando a criança estava com oito dias houve a cerimônia da circuncisão, onde as pessoas diziam que ele deveria se chamar Zacarias, igual ao pai, como mandava a tradição. Isabel disse que ele se chamaria João, perguntaram para Zacarias e ele escreveu numa tabuinha a mesma coisa: O nome dele é João.

Na nossa vida também é assim, pessoas vão fazer você gerar repetições, aquilo que outras já viveram, mas quem carrega uma promessa do Céu precisa estar pronta para contrariar alguns padrões e gerar o original. O que Deus tem para você não é igual à promessa de ninguém. É único, exclusivo e original!

Eu não sei o que você tem passado, eu não sei o que Deus lhe prometeu, mas se você chegou até aqui, neste capítulo, eu quero lhe dizer que: você não dará luz a uma cópia, no céu não existe xerox, o seu "João" é único e carrega a identidade que o Céu já deu antes mesmo de ele nascer.

Que você receba vida através de cada palavra que foi liberada, e que você esteja disponível para viver a materialização dessa palavra!

Não se esqueça: você tem uma palavra!

“Promessa sendo gerada não precisa ser exibida antes do tempo.”

VERONICA MARTINS

ANOTAÇÕES:

ANOTAÇÕES:

ANOTAÇÕES:

ANOTAÇÕES:

ANOTAÇÕES:

ANOTAÇÕES:

EDITORA
CHAVE MESTRA®

Instagram: @editorachavemestra

E-mail: editora@editorachavemestra.com.br

Site: www.editorachavemestra.com.br